AF297416

Adresse

des

Négocians de Bordeaux

aux

Chambres Législatives.

A Bordeaux,

Chez Lavigne jeune, Imprimeur de la Préfecture,
Fossés de l'Intendance, N.° 15.

1834.

LES
NÉGOCIANS DE BORDEAUX

CHAMBRES LÉGISLATIVES.

1.ʳᵉ PARTIE.

NÉCESSITÉ D'UNE RÉFORME COMMERCIALE.

Messieurs les Députés,

Au moment où l'attention publique se porte sur l'organisation industrielle de la France, et que les questions qui s'y rattachent vont faire l'objet de vos discussions, nous, négocians de la ville de Bordeaux, nous avons cru qu'il était de notre devoir de nous rassembler et de vous exposer nos vues sur cette importante matière.

Il n'y a de prospérité pour un pays, que dans l'ordre. Nous n'appelons pas *ordre,* seulement, le calme et le repos des populations, mais un état dans lequel toutes les forces productives sont sûres d'une égale liberté ou dirigées simultanément vers un but social.

La protection implique l'idée de choix et procède par voie d'exclusion; faire d'elle un système de gouvernement, c'est constituer des inégalités, des priviléges, partant des oppositions et une lutte entre les intérêts qu'elle admet et ceux qu'elle repousse.

Cependant, c'est sur cette base vacillante que depuis 1667 l'économie politique de la France est établie. Le principe de l'ancienne monarchie, qui voulait, par la plus extrême des exclusions, que le Roi fût l'état ; le gouvernement révolutionnaire, exclu lui-même de la société européenne, et le génie conquérant de l'empire, prétendant au monopole des trônes, subissaient la loi de leur nature, en suivant un pareil système de politique commerciale.

Mais si la logique est la fatalité des mauvais gouvernemens, elle est aussi la providence de ceux qui ont une origine nationale. Celui que nous avons aujourd'hui, fondé par le vœu unanime du pays, sur le principe libéral de la constitution de 1830, doit nécessairement adopter une politique toute de franchise et de justice.

Depuis trois ans cependant que notre révolution s'est accomplie, nous attendons encore ses conséquences sur notre législation commerciale. Notre système économique persiste dans ses exclusions, lorsque, au contraire, notre organisation politique tend à abandonner progressivement les siennes.

C'est contre un pareil état de choses que nous voulons protester. L'époque est arrivée où il n'est plus permis de séparer les institutions des intérêts : les unes obligent les autres, et réciproquement.

Le système protecteur, par ses résultats, se déclare en opposition ouverte contre notre loi fondamentale. Il établit entre les industries des catégories, des distinctions. Les unes sont protégées, les autres sont délaissées ; les unes obtiennent à elles seules l'exploitation d'un marché, les autres en sont privées ; les unes, enserrées à grands frais, grandissent outre mesure ; les autres, étouffées, meurent sans assistance. Ainsi, les travailleurs d'un même pays, suivant l'objet qui les occupe, profitent ou souffrent du régime qui nous gouverne. Ainsi, les différentes portions du royaume, selon leur position et leurs ressources naturelles, tirent avantage ou gémissent de cette économie arbitraire : mais où est l'égalité, où est l'harmonie qui doit résulter d'une loi commune à tous ?

L'institution du privilége politique était rationnelle : pour en jouir, une condition que l'hérédité féodale et les substitutions donnaient, était exigée des personnes, et garantissait de tout envahissement. Le privilége commercial, moins logique, s'attache à un certain ordre de travaux et non à une classe d'individus. C'est ainsi que pour l'acquérir, il semble au premier abord qu'il suffit de s'adonner aux industries qui en sont dotées; mais, objet d'une grande émulation, il demeure le partage de ceux qui ont les capitaux les plus considérables; car d'un côté la limite des besoins du consommateur, de l'autre, les prix que les exploitans établissent arbitrairement sur les produits privilégiés, forment des barrières derrière lesquelles il se retranche et où viennent le plus souvent se briser les efforts des petites fortunes.

Aussi, qu'organise-t-on par ce système?

L'anarchie.

Constituer un monopole, c'est provoquer la guerre civile parmi les travailleurs. Chacun veut profiter des avantages qu'il promet, et pour cela cherche à prendre position dans l'enceinte réservée. Les capitaux, la science et le mouvement se portent tous du même côté. La concurrence entre nationaux devient d'autant plus vive, que l'on sait n'avoir pas à craindre celle des étrangers : on élève atelier contre atelier, manufacture contre manufacture, usine contre usine. Cet antagonisme donne aux industries qui en sont l'objet une apparence de vie qu'elles empruntent à la fièvre de la lutte; on croit à une activité qui n'est qu'un état de désordre, et qui finit par éclater en convulsions mortelles pour ceux qui espéraient y trouver leur fortune et leur avenir.

Que d'exemples nous pourrions citer de pareilles catastrophes ! C'est ainsi que les économistes prohibitifs ont été obligés d'admettre, comme un fait inévitable, ces crises commerciales qui, périodiquement tous les cinq ans, viennent bouleverser notre commerce.

Le monopole, outre ces résultats directs, a des effets qui ne sont pas moins désastreux. Il détourne à son profit tous les agens de production qui, répandus dans le pays, féconderaient ses immenses ressources; il les épuise à vivifier des industries artificielles, alors que des industries naturelles périssent faute d'alimens. Il met à contribution tous les genres de travaux : les uns, par le tribut qu'il leur impose directement; les autres, en rendant la main-d'œuvre plus chère et l'existence de l'ouvrier plus pénible par la surcharge qu'il occasionne toujours aux objets de consommation; enfin, il rompt l'équilibre social en entraînant vers quelques professions toutes les chances de fortune, et laissant les autres dans un véritable état de subalternité, ce qui équivaut de fait à une répartition inégale de l'impôt, puisque, par là, il augmente pour quelques-uns et diminue pour les autres, les moyens d'acquitter les charges publiques.

Mais si l'égalité n'est qu'une fiction sous un régime dit *protecteur*, la liberté est-elle plus réelle?

La science du commerce consiste à acheter bon marché et à vendre cher, du moins nous n'en connaissons pas d'autre jusqu'à présent. Cette théorie n'est qu'une utopie chez un peuple où le système commercial est restrictif. En effet, le négociant, intermédiaire du consommateur et du producteur, sait bien où se diriger pour rencontrer au plus bas prix possible une denrée; il sait bien aussi où il devra la transporter pour lui donner sa plus haute estimation : mais à quoi bon, si des lois de douane, des réglemens fiscaux, entravent son action? Il ne peut plus agir selon la science, la faculté lui en est ravie; il agit sous le plus violent des despotismes, puisqu'on lui impose son vendeur, et qu'on lui ôte le choix de son acheteur.

L'arbitraire ne s'arrête pas là!... Si l'intermédiaire n'est pas libre dans sa fonction, comment ceux qui dépendent de lui échapperaient-ils aux contre-coups de cette violence? Le négociant gêné dans ses mouvemens, fait retomber sur le producteur et le consommateur, qu sont à sa merci, tous les fâcheux effets de cette contrainte. Le consommateur, dans ses besoins, est soumis à une quantité qu'il pourrait dépasser, et quelquefois même cette limite entame fortement son existence ; il est assujetti à une qualité inférieure, lorsqu'il serait facile de lui en procurer une meilleure ; enfin, il est forcé de payer l'objet un prix exorbitant relativement à la valeur qu'il aurait s'il était tiré du lieu où il est le plus abondant. — Le producteur n'est pas moins malheureux ! Il est obligé de produire, sans avoir à sa disposition tous les élémens de son travail ; il faut qu'il use de certains instrumens, parce qu'on le prive de tels autres qui seraient mieux à sa convenance. La loi se fait juge à sa place de ses moyens de fabrication : tantôt elle lui refuse ceux qui perfectionneraient son ouvrage ou diminueraient ses frais d'exploitation ; tantôt elle l'oblige à se servir de matière peu favorable ou de procédés désavantageux ; et souvent enfin elle lui trace un cercle au-delà duquel il ne lui est pas permis de chercher un débouché à son produit.

Pour que le mot *liberté* ait toute sa valeur, dans une société, il ne suffit pas que ses lois politiques le consacrent : il faut de plus qu'on le retrouve appliqué à son économie, de sorte que la volonté individuelle, dans l'industrie, rencontre le moins d'obstacles possible.

Le droit public se compose des restrictions posées aux droits des particuliers, et ces restrictions sont justes autant que nécessaires toutes les fois qu'elles sont commandées par l'intérêt social. Qu'on prouve que le régime protecteur se résout en bien public, et nous reconnaîtrons sa légitimité.

Quelques prohibitionistes habiles ont essayé de le faire, en prenant l'exemple de la Grande-Bretagne, dont la prospérité industrielle est, selon eux, le résultat d'une protection qui s'est continuée pendant des siècles. Mais ne serait-il pas plus vrai de dire que cette prospérité s'est développée malgré les entraves fiscales et à la faveur de quelques circonstances particulières, sur lesquelles les autres nations ne sauraient compter ? Ainsi, les immenses possessions de l'Angleterre dans l'Inde et l'Amérique lui ont toujours assuré des importations considérables de matières premières , et par conséquent ses manufactures ont supporté, sans de trop rudes souffrances, l'exclusion des provenances étrangères. De plus, la supériorité de sa puissance maritime, en favorisant les explorations de son commerce d'armement dans le Nouveau-Monde, lui a fait obtenir des avantages qui étaient refusés aux autres pavillons; enfin, sa position insulaire n'offrant que la voie de mer à l'entrée chez elle des produits exotiques, lui a permis son acte de navigation si préjudiciable aux autres états, et qui l'a constituée l'entrepôt principal des denrées coloniales.

Pouvons-nous mettre dans les calculs du système protecteur appliqué à la France, de pareils élémens de succès? N'avons-nous pas tenté en vain cette combinaison, lorsque la plus grande portion du continent européen, soumis par nos armes, semblait se prêter à la faire réussir? D'ailleurs, l'histoire du système prohibitif ne date pas d'hier. Colbert aussi pensait que des fabriques ne prospéreraient chez nous qu'à l'abri de toute concurrence étrangère, et son tarif de 1667 défendait l'importation des objets manufacturés. Depuis cette époque, quels résultats avons-nous obtenus de cette politique? La France a payé les marchandises à son usage, en tenant compte du prix et de la qualité, depuis 50 jusqu'à 200 p. 100, plus que l'Angleterre et la Hollande n'ont payé les mêmes articles (1). Et maintenant, en compensation de cette dépense énorme, pouvons-nous dire que nous avons acquis un état industriel digne du rang que nous occupons parmi les nations?

Mais l'Angleterre elle-même pourquoi renoncerait-elle aux droits protecteurs, s'ils ont fait sa prospérité? C'est qu'elle s'aperçoit que les circonstances qui les lui rendaient tolérables ne sont plus. L'Amérique du Nord, nouvelle puissance commerciale, lui dispute la suprématie des mers, et les colonies qui subissaient si doucement le joug, commencent à s'agiter dans un désir d'indépendance, qu'on ne pourra comprimer qu'en leur laissant plus de liberté dans leurs rapports avec les autres peuples.

Nous savons bien aussi que quelques financiers n'ont vu dans ce système

---

(1) *Réforme financière*, par sir Henry Parnell.

qu'une excellente machine à recettes. La fiscalité leur a semblé un bon moyen d'alimenter le trésor, et raisonnant dans cette opinion, ils ont pensé que des droits qui frapperaient des articles, et des articles venus de l'étranger, auraient le double mérite : d'abord, de garder d'une concurrence fâcheuse les produits similaires de notre industrie; ensuite, de pourvoir abondamment aux services publics. Ils ont donc cherché les matières les plus appropriées à cette sorte d'impôt : les meilleures, dans cette intention, sont nécessairement les plus productives, et les plus productives sont celles dont le besoin est le plus généralement senti, l'usage le plus répandu. Mais ce calcul, par ses résultats, trompe ceux qui l'ont fait. Il établit bien un chiffre de recette, mais ce chiffre, la plupart du temps, n'a que la chance de décroître, car au lieu d'exciter à la consommation de l'objet sur lequel il repose, il engage et force même souvent à s'en passer. Pour qu'il y eût augmentation du revenu de l'État par les douanes, il faudrait qu'il y eût progrès dans l'aisance générale, de sorte que les produits qu'elles renchérissent par de forts droits, devinssent abordables pour un plus grand nombre d'individus. Or, comment ce progrès serait-il possible dans un ordre de choses qui nie ou empêche les moyens les plus puissans de l'accomplir ? Une seule circonstance peut, non pas élever les petites fortunes à la portée des produits exotiques exhaussés par des droits prohibitifs, mais faire descendre à leur niveau les produits indigènes : c'est celle où les fabriques nationales animent leur concurrence au point que n'ayant plus égard à la valeur de revient de leur travail, elles l'abandonnent à vil prix; mais c'est là un symptôme de crise industrielle menaçant pour l'État, qui perd plus qu'il ne gagne dans cette augmentation forcée et momentanée de la consommation.

En supposant même qu'une législation restrictive fût une ressource importante pour le trésor, ne serait-il pas prudent d'examiner si les autres modes d'impôt n'en sont pas altérés et ne souffrent pas de ses prélèvemens? Les impositions foncières, celles des patentes, du mobilier, des portes et fenêtres, croîtraient incessamment, si la classe moyenne qui les paie en majeure partie, pouvait recruter dans les rangs inférieurs de la société. Mais si les denrées de première nécessité sont rares, si d'autres qui ajoutent aux douceurs de la vie, qui économisent les efforts de l'homme et lui rendent facile l'exécution d'un ouvrage pénible, ne peuvent se procurer qu'avec une surcharge de prix considérable, le mouvement ascensionnel des classes inférieures est embarrassé, car alors ce n'est que par des accidens heureux que l'on sort de la condition de salarié et du prolétariat.

Nous pourrions citer un grand nombre d'articles d'un usage ordinaire, dont la consommation, grâce à cet état de choses, ne s'élève pas, relativement à notre population, au tiers ni même au quart de ce qu'elle est en Angleterre, en Hollande, en Belgique, en Prusse même.

L'économie politique des temps modernes n'est pas de se priver pour s'enrichir, mais de consommer pour produire. La richesse des états, à notre époque, est à cette condition.

Si nous continuions à examiner dans leur généralité les conséquences de ce fatal système, ne faudrait-il pas lui attribuer la pauvreté de notre commerce intérieur, les immenses lacunes de culture que présente notre sol, cet allanguissement dans les rapports qui sera long-temps encore une cause d'impossibilité matérielle pour l'application générale à notre pays des voies artificielles? Ne serait-ce pas à lui aussi que nous devrions imputer l'absence parmi nous de l'esprit d'association, la répugnance des grands capitalistes pour les entreprises publiques, leur éloignement pour les placemens de fonds, soit dans les manufactures, soit dans les simples affaires commerciales? N'est-ce pas l'esprit exclusif de notre législation qui les encourage à être exclusifs eux-mêmes, et à réserver leurs richesses et leur crédit, soit pour le jeu de la bourse ou les placemens privilégiés, tels qu'achats de forêts, fabriques de sucre de betterave, usines à hauts fourneaux?

N'est-ce pas à la même cause qu'il faut s'en prendre, si la France, dans son unité de territoire, offre des disparates choquantes, et qui peuvent finir par nuire au sentiment national? Là, quelques départemens prospèrent, parce que leurs terres renferment les élémens d'une fabrication protégée ! Ici, d'autres souffrent et se plaignent, parce que ce qui fait la fortune de leurs voisins, n'est obtenu qu'avec le sacrifice de leurs spiritueux et de leurs vins qu'ils sont obligés de garder long-temps dans leurs celliers ! Au centre du pays, des populations végètent, parce que leur position les condamne à l'agriculture, et que l'agriculture, sans moyens de transports économiques, sans matières premières à bas prix, sans un développement progressif de consommation, est dans un état de pléthore qui l'étouffe ! Aussi des villes sont encombrées d'habitans, et d'autres sont désertes ; les unes sont poussées à une civilisation hâtive, les autres sont attardées dans l'ignorance et l'engourdissement.

Nous n'ignorons pas qu'il est des circonstances naturelles qui agissent plus ou moins sur les richesses des contrées, comme sur celles des individus ; mais c'est précisément parce qu'elles existent, qu'il est impolitique d'y ajouter une impulsion capricieuse ou une partialité systématique.

Lors même que la justice ne l'exigerait pas, n'est-il pas prudent de porter remède à un état de choses qui, d'un moment à l'autre, peut éveiller des jalousies, susciter des récriminations et des haines de département à département, de province à province, du nord au midi du royaume ? Dans la lutte des partis politiques, qu'un d'eux mette la main sur un de ces grands intérêts froissés, et il s'en fera un levier pour tout bouleverser !

Qu'on ne dise pas que nous exagérons les couleurs de ce tableau ! La discussion de détails que soulèvera la loi des douanes, montrera dans toute leur nudité les plaies que nous signalons ici.

Si, à l'intérieur, les résultats du système que nous combattons sont funestes, ils ne le sont pas moins à l'extérieur, dans nos rapports de peuple à peuple.

Chaque pays, par sa topographie, son climat, l'intelligence de ses ha-

bitans, possède des avantages qui lui sont propres; mais ces conditions
mêmes de sa personnalité, le mettent dans une situation moins favorable à
l'égard des ressources territoriales et des aptitudes naturelles qui sont les
attributs d'un autre pays. Dans une pareille position, établir des prohibitions, c'est empêcher un besoin d'échange réciproquement senti par les
peuples. Personne ne s'aviserait certainement de demander que des barrières séparassent nos provinces entre elles. On sait trop bien que sous l'ancienne monarchie, c'est aux priviléges, aux prérogatives de certains états,
aux droits de ferme et de passage qui tenaient isolée chacune de ses parties, que la France dut la lenteur de ses progrès en industrie et en commerce.

Si cette circulation libre dans l'intérieur concourt au bien-être national,
n'est-il pas déraisonnable de l'arrêter à la frontière quand elle peut aller
au-delà ? Les différences qui existent entre les produits de pays qui se
touchent, sont bien plus tranchées entre ceux de nations éloignées. Le
caractère, les mœurs, le degré de civilisation des hommes à grande dis-
tance les uns des autres, donnent lieu à des richesses et à des besoins qui
contrastent fortement entre eux. Dans cette situation respective des peuples, nécessaires les uns aux autres, il est un principe d'association que,
pour le bonheur de l'humanité, il serait utile de féconder. Mais non, les
prohibitions le tuent, car elles ne se maintiennent que par l'erreur de l'esprit public qu'elles habituent à prendre le mot *étranger* comme synonyme
de celui d'*ennemi*, et à se tenir dans une continuelle méfiance de ce qui
n'est pas national.

Il est temps que les nations ouvrent les yeux sur leurs véritables intérêts, et sortent de cette voie où jusqu'à présent elles n'ont rencontré que
ruines et champs de bataille. Chacune d'elles ne sera-t-elle pas plus riche
et plus heureuse, si l'intelligence de l'homme lui arrive sous les manifes-
tations les plus variées, et l'œuvre de la nature dans les quantités les plus
considérables ? La France en particulier, que ses arts, sa gloire et le bruit
de son émancipation, pose en Europe comme un phare lumineux, n'a-

t-elle pas un intérêt immense à ce que d'innombrables vaisseaux viennent de toutes parts lui porter des produits qu'elle rendra perfectionnés, ou qu'elle payera en d'autres produits surabondans chez elle, et qui sèmeront sur tous les points du globe le germe fécond de sa civilisation? — A l'époque où nous sommes, les conquêtes du génie commercial sont les seules dignes de l'ambition d'un grand peuple !

PROJET

D'UNE NOUVELLE LÉGISLATION

COMMERCIALE.

Dans l'exposé que nous venons de vous faire, Messieurs les Députés, des anomalies et des conséquences funestes du système protecteur , nous avons omis les citations particulières que nous fournit l'état actuel de notre industrie. Mais chacun de vous, dans la sphère de ses propres intérêts, est à même de contrôler par des faits la vérité de nos assertions. D'ailleurs, la loi des douanes soulèvera cette discussion de détails pour laquelle déjà notre Chambre de commerce a adressé au Gouvernement un Mémoire qui a toute notre adhésion, et qui traite la question sous son point de vue le plus spécial. Notre but, à nous, est de poser les principes généraux de la matière.

Maintenant que nous vous avons signalé le désaccord qui règne entre notre économie politique et notre constitution, nous croyons que c'est un devoir pour vous de consacrer vos travaux à le faire cesser : le pays que vous représentez ne prospèrera que par l'harmonie de ses idées et de ses intérêts.

La réforme de notre économie politique est une mesure fondamentale ; aussi nous ne demandons pas qu'elle s'opère subitement. La législation commerciale qui nous régit est le point d'appui d'un grand nombre d'industries ; elle seule peut rendre fructueuses des entreprises dans lesquelles d'im-

menses capitaux sont engagés ; notre commerce, sur la foi de son maintien, a pris une direction qu'il ne changerait brusquement qu'en faisant
des pertes considérables ; n'avoir pas égard à cette position prise par tous
les intérêts, serait une injustice, et nous sommes loin de la conseiller.

Mais nous pensons qu'il est indispensable que le Gouvernement pro-
clame la liberté commerciale, comme le but auquel tendront désormais
tous ses efforts. Ainsi qu'on a fait de l'*exclusion* le système économique
de l'ancienne France, nous croyons que l'on peut faire de l'*admission*
celui de la France nouvelle. Mais une théorie, quelque large qu'elle soit,
ne s'applique que progressivement ; vouloir de suite l'imposer en entier,
ce serait soulever contre elle les faits et les événemens.

Il faut donc que les travaux législatifs concourent insensiblement à l'é-
mancipation de toutes les industries. Ainsi, les réglemens, les ordon-
nances, les lois, à l'avenir, seront conçus dans cette vue ; un esprit com-
mun les animera, et l'unité qui en résultera, en les fortifiant les uns les
autres, rétablira l'ordre incessamment au milieu du chaos où nous
sommes plongés actuellement.

En nous exprimant de la sorte, nous voulons prouver que nous nous
séparons de ceux qui demandent le *laisser-faire* et le *laisser-passer*.
Une liberté qui se formule de cette manière, est la négation de tout
gouvernement et produit l'anarchie. Nous désirons au contraire conserver
au Gouvernement son rôle, pour qu'il dirige l'activité humaine dans toutes
ses sphères, mais qu'il la dirige avec impartialité et préoccupé seulement
du bien général. C'est à lui en effet qu'appartient le soin de lever les obstacles naturels qu'on rencontre partout, d'harmoniser les divers agens de
production, pour que dans leur exercice ils ne s'entre-choquent pas ; c'est à
lui enfin que revient la mission d'éclairer les travailleurs, et de leur fournir les ressources étrangères et propres à leur œuvre, de sorte que, toujours aidés, ils accomplissent toujours de nouveaux progrès. Nous n'ad-
mettons pas qu'un gouvernement puisse être un hors d'œuvre, un siné-
curiste ; mais délégué par la société, ce n'est que dans un but purement
social qu'il doit fonctionner.

Quelques personnes pensent aussi que notre réforme commerciale peut se réaliser par des traités de commerce et font la proposition de les provoquer de certaines puissances. Nous n'adoptons pas cet avis, car en le suivant, on aurait un résultat contraire à celui que nous cherchons.

Un traité de commerce s'établit par des droits différentiels et dans un sentiment de prédilection mutuelle entre les contractans. Mais l'avantage que les signataires se concèdent, de n'admettre aucune importation rivale de la production de son allié, est une manifestation hostile pour les tiers qui possèdent les mêmes objets et que l'on repousse. Aussi un traité de commerce est-il toujours considéré par les nations qui n'y ont pas pris part, comme une provocation; et par représailles, elles élèvent des barrières et ferment leurs marchés aux états qui l'ont conclu. — On rentre ainsi dans tous les abus du système restrictif.

Mais un autre inconvénient de ces sortes de transactions , c'est qu'elles aliènent l'avenir. Des concessions qui ne sont que justes dans le temps où on les fait, deviennent déraisonnables par le cours des choses. L'exécution du contrat cesse d'être également facile aux deux parties ; sa révision devient indispensable. Mais que d'obstacles ! D'un côté, des intérêts qui ont grandi à la faveur du traité, résistent et demandent son maintien ; de l'autre, des intérêts endommagés et non moins exigeans se plaignent et veulent des stipulations nouvelles. L'irritation naît de la contestation, et le plus souvent la guerre est le seul moyen de trancher la difficulté.

Nous croyons que chaque état, dans son système commercial, doit conserver son indépendance.

La révision de nos tarifs suffira pour opérer en France la réforme que nous demandons. Qu'on les examine dans une vue d'intérêt général, qu'on modifie leurs dispositions dans la seule intention de les subordonner au bien public, sans affection ou malveillance particulière pour les industries qui y sont intéressées; qu'on ne se pique pas surtout de faire de la politique par nos lois de douanes, c'est-à-dire, de manifester de la sympathie pour de certains cabinets et de la répulsion pour d'autres. Dans une question qui se propose la satisfaction des intérêts, l'intérêt seul doit dominer, et notre époque, dans son caractère positif, offre cela d'avantageux, que le problème ainsi posé, se résout au bénéfice des peuples éclairés et libres et au détriment des peuples arriérés et esclaves.

Beaucoup d'esprits s'effraieront que l'on se lance ainsi dans une voie nouvelle, sans être assuré à l'avance qu'on y marchera accompagné et appuyé par des nations en réciprocité avec nous de sentimens et d'intérêts. Cette crainte ne nous paraît nullement fondée. Il est des faits irrésistibles : tels sont ceux qui naissent d'une réduction de droits. Dès que nos frontières seront ouvertes, nos importations s'accroîtront considérablement ; mais comme ces importations exigeront leur payement, obligation sera bien aux pays dont nous recevrons les produits, d'admettre à leur tour les nôtres. Et dans le cas où des prohibitions s'opposeraient à cette nécessité d'échange, la contrebande ne se chargerait-elle pas d'établir la balance ? Des exemples récens nous prouvent la vérité de notre raisonnement. N'est-ce pas en admettant pour trente millions de leurs soieries que l'Angleterre a rendu populaire parmi les fabricans de Lyon le vœu qui vous a été adressé de permettre l'exportation des soies brutes ? N'est-ce pas le même résultat qui se fait sentir, lorsque de toutes parts en France, on demande que les deux tiers de nos importations dans la Grande-Bretagne cessent de se solder par la fraude ? La timide réduction de droits qui s'est faite depuis trois ans de l'autre côté de la Manche, sur plusieurs produits français, nous a acculés à cette nécessité : ou de faire une réduction équivalente pour effectuer nos payemens directement, ou de continuer à payer indirectement par la contrebande, c'est-à-dire, avec une plus-value de près d'un quart.

Des bases fixes s'offrent pour le remaniment de nos tarifs. Nous allons indiquer celles qu'il nous semble le plus indispensable d'adopter.

Comme règle fondamentale, nous proposons la division en quatre classes de tous les objets d'importation. La première se composera des objets d'alimentation de première nécessité, tels que :

Les blés de toute sorte (1) ;

---

(1) Les blés appartiennent à cette catégorie ; cependant, si nous les mentionnons, c'est pour mieux tracer notre cadre, car il est possible qu'on demande

La farine;

Les bestiaux;

La viande sèche et salée;

Le porc, le lard;

Le poisson frais et salé;

Le riz;

Le sel, etc., etc.

La seconde, des matières premières nécessaires à notre industrie agricole et manufacturière, telles que :

Les laines;

Les cotons en laine;

Le fer;

Le plomb;

Les sucres bruts;

Le cuivre;

Les bois;

La houille;

Les drogueries pour teinture;

Les peaux;

Les semences de toute espèce, etc., etc.

La troisième, des articles qui ont reçu déjà une préparation, et propres à un travail perfectionné, tels que :

Les sucres terrés;

Les cotons filés;

La laine filée;

Le café;

Le tabac en feuille;

Le lin;

---

pour eux une exception. L'approvisionnement du pays pour cette denrée, est si essentiel, qu'il serait imprudent peut-être d'y laisser concourir les étrangers pour une forte portion, puisque, suivant les éventualités politiques, nous pourrions nous trouver à leur merci.

Les suifs;

Le chanvre en fil;

Le savon;

La paille tissée;

Les préparations chimiques;

Les teintures préparées, etc., etc.

La quatrième, enfin, des objets de luxe ou qui ont atteint par le travail tout leur perfectionnement :

Les tissus de toute sorte;

La quincaillerie fine;

La bijouterie;

Le thé;

La vaisselle;

Les ornemens d'or et d'argent;

L'horlogerie;

Les meubles, etc., etc.

Nous ne préciserons pas les droits auxquels ces quatre catégories de produits peuvent être soumis, car cette estimation ne peut se faire qu'en connaissance des besoins du service public, et les données nous manquent à cet égard; mais nous croyons que le Gouvernement doit les graduer et les proportionner selon le rang d'utilité qu'elles occupent dans la société.

D'après ce mode régulateur, dont personne ne contestera la justice, il est évident que la première de ces quatre divisions a droit à l'admission la plus large. Elle intéresse toutes les classes, car il importe à tout le monde que les objets nécessaires à l'existence soient au plus bas prix possible; d'abord, à cause du bien direct qu'il en résulte pour chacun; ensuite, parce que l'ouvrier dépensant moins pour sa consommation, livre son travail à meilleures conditions, ou participe lui-même à la consommation des autres produits, de tout le surplus de salaire que n'emploie pas sa subsistance.

La seconde division, sans être aussi générale dans son utilité, sert de base au monde industriel. Il est superflu de dire que plus les matières premières sont abondantes, plus les manufactures se multiplient et prennent d'essor. Il n'est pas seulement important pour un pays que le plus grand nombre de bras possible soit occupé, mais encore qu'il le soit fructueusement, et par conséquent le Gouvernement doit laisser libre l'introduction de tout ce qui peut rendre le travail plus productif. Une autre considération mérite d'être ajoutée : c'est particulièrement dans cette seconde classe, que se rencontre le principal aliment d'activité pour notre marine marchande. Notre commerce d'armement, qui est le fournisseur de toutes les industries, s'accroîtra par le plus ou moins de liberté qu'on lui laissera de remplir son office d'intermédiaire entre nous et les pays étrangers.

En principe, une sage économie exigerait que cette seconde classe, ainsi que la première, ne fût point imposée, mais il est vraisemblable que nous ne sommes pas encore en mesure de lui obéir. En attendant de meilleures circonstances, le Gouvernement devra ne lui appliquer que les droits les plus modérés.

Pour la troisième division, la plupart des motifs qui plaident en faveur de la seconde, pourraient être reproduits. Cependant nous ferons remarquer une différence notable entre elles, et qui est la cause du rang que nous leur avons assigné. L'une comprend des articles vierges encore du travail des hommes, et qui par conséquent présentent une étendue sans limites à l'œuvre des habitans du pays où ils sont importés; l'autre, au contraire, est composée d'objets qui ont déjà reçu une préparation qui précise davantage leur destination, et partant laisse moins de marge à la puissance industrielle. De plus, cette préparation a augmenté leur valeur, et permet qu'on les charge de quelques droits, car ils ont acquis la force de les supporter. D'ailleurs, l'usage de ces objets n'est pas populaire ; l'estimation que leur a donnée une première manipulation, les a exhaussés au-dessus des besoins les plus journaliers et les plus vulgaires.

La quatrième division ne contient que des articles de luxe dont l'usage n'est indispensable à aucune classe. Nous la considérons aussi comme la plus imposable. Ici le tarif frappe sur des objets perfectionnés, et qui ne peuvent nullement servir au travail national, si ce n'est comme cause d'émulation. Leur valeur même est toute arbitraire, de sorte qu'on peut l'augmenter sans les mettre hors de portée pour ceux à la jouissance desquels ils sont destinés. Quelquefois il arrive que cette surcharge est le plus sûr moyen d'accroître leur vogue. On nous objectera, sans doute, que cette concession invalide la loi générale que nous avons établie pour la liberté de l'échange; mais nous ferons remarquer que si le service public nécessite quelques sacrifices particuliers, il est juste de les demander aux classes les plus aisées, qui trouvent d'ailleurs, dans leur position sociale, tant de dédommagemens!

Nous n'indiquons pas les droits dont chacune de ces catégories devra être taxée. Les deux premières ne peuvent l'être que par égard pour notre situation financière, et alors, Messieurs les Députés, nous espérons de votre sagesse que vous veillerez à ce qu'elles le soient de la manière la plus modérée. Vous ne perdrez pas de vue leur utilité comme moyen d'établir la proportion des droits, et vous graduerez l'échelle de nos tarifs de sorte que les matières d'alimentation et de première nécessité soient les plus favorisées.

Une règle peut encore vous servir pour déterminer les droits auxquels seront assujettis les objets imposables: c'est celle que fournit la prime d'assurance que l'on paye pour leur introduction aux contrebandiers. En enlevant la marge que la fraude rencontre dans les tarifs actuels, l'importation de ces marchandises augmentera, car elle se fera sans les dangers de perte considérable que l'on court toujours dans un commerce illicite; le bénéfice des fraudeurs passera au trésor, et les contribuables en seront d'autant soulagés.

Si la liberté la plus large possible est le terme vers lequel tendra désormais notre économie politique, il est essentiel que la carrière qu'elle va parcourir soit jalonnée à l'avance. Il nous paraît donc utile que nos lois de douane soient rédigées, pour les droits, sur une échelle de décroissance annuelle, de manière à ce que l'on puisse calculer à peu près, si ce n'est positivement, le moment où leur extinction arrivera au point qu'ils ne se feront plus sentir. Cette progression décroissante devra être plus ou moins rapide, suivant le plus ou moins d'utilité des importations auxquelles elle sera affectée. Ainsi, on comprend que nous plaçons sous le coup de la réduction la plus immédiate, les droits sur les produits dont la consommation ou l'emploi intéresse le plus grand nombre d'individus; et sous la réduction la moins sensiblement progressive, ceux qui touchent à des articles purement de goût et d'un usage restreint. — Il est des industries qui occupent des populations nombreuses, d'autres pour lesquelles des capitaux considérables sont agglomérés, plusieurs enfin qui commencent à naître et qui prospèreront au grand air de la liberté, pourvu qu'on ne les livre pas avec trop de précipitation à la concurrence d'industries analogues qui, dans les pays voisins, ont pris tout leur développement. Ces circonstances particulières méritent aussi toute votre attention et se présenteront naturellement à votre pensée, quand vous aurez à combiner le retrait graduel de la protection dont ces industries sont en ce moment favorisées.

Dans la fixité des termes de décroissance de nos tarifs, on trouvera un avantage du plus haut intérêt. Sans contredit, la plus précieuse des facultés pour les travailleurs de tout ordre, c'est la prévision ; mais limitée à la puissance de l'individu isolé, elle ne s'exerce que dans un cercle étroit et n'a presque aucune portée. N'entre-t-il pas dans les fonctions du Gouvernement d'étendre son horizon? N'est-ce pas à lui, qui est haut placé et qui tient en main la direction de la société, que revient le soin d'annoncer à l'avance, les modifications, les changemens nécessaires au bien de tous, que les intérêts particuliers auront à subir? N'est-il pas utile qu'il les prépare de longue-main, non-seulement dans ses bureaux, mais encore dans les esprits, car les événemens n'ont rien de brusque lorsqu'ils sont attendus par les idées. Que de ruines particulières seront ainsi évitées! que de catastrophes, que de bouleversemens seront ainsi détournés! Dans ce moment, quelle est la cause de la timidité qui se fait remarquer dans toutes nos entreprises ? n'est-elle pas dans la crainte de ceux qui ont des capitaux à faire valoir, et qui refusent de les livrer à des placemens non-réalisables prochainement? Ils redoutent les reviremens subits de nos lois de douane, les marches et contre-marches du Gouvernement, ces demi-mesures élaborées à huis-clos et toujours éclatant à l'improviste dans le monde commercial? Il est nécessaire, pour le développement de notre prospérité matérielle, que cet état d'incertitude cesse! Le système que nous proposons atteint ce but. Par ses combinaisons, l'avenir contribuera aux avantages du présent. Et n'est-il pas, en effet, d'une sage politique que le commerce puisse établir ses opérations sur le temps avec presque autant de certitude qu'il les calcule sur l'espace?

Il est une espèce de produits que nous n'avons pas compris dans les catégories que nous avons indiquées, ce sont les machines, les outils, les métiers, les livres, les instrumens de science, etc. ; c'est qu'ils nous semblent mériter une classification particulière. Ils sont le résultat le plus direct de l'intelligence de l'homme, le mobile le plus puissant de ses progrès. S'il est une communication féconde par sa rapidité, c'est celle qui naît, par leur intervention, entre la pensée qui les a créés et la pensée qui les applique à un emploi; les frapper de forts droits, c'est entraver le mouvement générateur de la société. Par conséquent, nous demandons pour eux une réduction sensible et dans une décroissance rapide, afin qu'ils arrivent le plus promptement possible à la libre admission qu'ils méritent. Elle leur est due, non-seulement à cause de leur utilité, mais aussi parce qu'ils sont l'expression la plus fidèle de la conception humaine.

Pour la France, destinée à poursuivre la rénovation de la vieille Europe, non par ses armes, comme quelques esprits impatiens ont pu le croire, mais par les conquêtes pacifiques de sa science et de ses arts industriels, ne pas adopter cette mesure, serait une grande erreur politique. L'on sait par expérience que les importations de ce genre qu'elle serait à même de faire, provoqueraient des perfectionnemens ou exciteraient une puissante émulation qui tournerait à l'avantage de la civilisation. La France est comme le sommet intellectuel du monde civilisé; il faut qu'une innovation parte de chez elle pour qu'elle accomplisse sa glorieuse propagande.

Ainsi que nous l'avons reconnu, il n'est pas nécessaire que les principes que nous posons soient adoptés par les autres pays, pour qu'ils produisent leurs effets. La plupart des souverains de l'Europe sont préoccupés d'une forte méfiance à notre égard , et nous ne devons espérer d'eux aucune mesure spontanée qui attesterait de meilleures dispositions. Ne serait-ce par les ramener à une paix sincère, que de gagner leurs peuples par l'intérêt qui résulterait pour eux , de l'accroissement de leurs rapports avec nous et de l'admission plus large de leurs marchandises? Il n'est point de forme de gouvernement, à l'époque où nous sommes, quelque absolue qu'elle soit, qui puisse faire guerroyer les peuples les uns contre les autres , s'ils sentent qu'ils sont mutuellement nécessaires au développement de leur bien-être matériel.

L'Angleterre a déjà fait l'essai de la théorie que nous exposons. Depuis 1820, elle a commencé à réformer son système commercial en diminuant ses droits les plus exorbitans , et cette réduction, loin d'être funeste à ses finances , a donné lieu à des recettes plus abondantes. Il est probable que si elle nous voit entrer dans la carrière qu'elle a ouverte , son zèle pour la liberté se ranimera et qu'elle opérera de nouvelles réductions sur ses tarifs. Ainsi, sans arrangemens, sans embarras diplomatiques, des concessions réciproques agrandiront le commerce des deux pays.

L'Angleterre recevra en grande quantité nos vins, nos eaux-de-vie, nos huiles, nos savons, notre soie et nos articles de mode si variés qui sont tant recherchés de son monde fashionable; et nous, de notre côté, nous nous enrichirons de ses houilles, de ses métaux, de ses cotons, de ses machines, de ses métiers et de tant d'autres produits qui surabondent chez elle, et qui, rendus à bas prix chez nous, doubleront tous nos moyens de travail. Les esprits les plus éclairés de l'autre côté du détroit ont l'attention fixée sur nous : au premier signe de bonne intelligence que nous leur donnerons, ils reprendront leur œuvre et poursuivront activement l'affranchissement de leur commerce.

Telles sont, Messieurs les Députés, les réflexions que nous inspirent les travaux auxquels vous appelle cette session. Elles sont étrangères à tout égoïsme local ; car, quoique nous ayons des motifs nombreux de doléance, dans l'état individuel de notre place , nous les taisons pour n'exprimer qu'une opinion que nous croyons conforme au bien général et digne du sentiment national qui doit présider à vos délibérations. Notre réserve ne sera probablement pas imitée : bien des plaintes vous assiégeront ; bien des intérêts privés s'ameuteront pour imposer à votre discussion des influences contraires à l'intérêt public. Les uns vous diront que la liberté, appliquée à la législation commerciale, tuera nos manufactures ; les autres prétendront que la concurrence étrangère accablera notre agriculture ; enfin, ceux qui n'auront point de griefs particuliers à articuler, soutiendront vaguement que ce revirement de système sera la cause d'une perturbation générale.

Avec les tempéramens, Messieurs les Députés, que portent avec eux les moyens d'exécution que nous proposons, soyez persuadés que toutes ces craintes ne sont que chimériques, et qu'elles ne parlent haut que pour étouffer la voix de la raison. Si l'agriculture rencontre, de la part de l'étranger, une concurrence redoutable, en compensation elle obtiendra à meilleur compte les objets nécessaires à son exploitation et de plus larges débouchés à l'extérieur. Si nos fabriques ont à supporter la rivalité de fabriques plus riches et plus habiles, elles seront bientôt à même de contre-balancer cet avantage, puisque les machines et les métiers leur arriveront avec des droits réduits, et que l'entretien des ouvriers sera devenu moins dispendieux. Enfin si on ravit aux capitalistes ces entreprises privilégiées qui leur promettent des bénéfices exagérés, en dédommagement tous les genres de travaux leur offriront des occasions de bon placement ; et comme leurs risques se diviseront, ils n'auront plus à redouter ces crises qui sont si souvent la cause de leur ruine.

Quant à l'État, les changemens que nous demandons ne lui seront pas plus funestes. Le nombre des marchandises introduites compensera, par la quantité, les réductions de nos tarifs, et nos recettes seront plutôt en voie d'accroissement que de diminution ; les classes inférieures acquerront plus d'aisance, par suite, payeront avec plus de régularité les divers impôts ; une vie féconde se répandra dans le pays, le commerce intérieur étendra son essor, et les communications artificielles dont il est tant question aujourd'hui, pourront enfin être exécutées. Alors *l'ordre* règnera en France, non celui qui naît de l'engourdissement, mais celui qui résulte d'un travail harmonisé.

Il est des questions de politique, de morale et de sociabilité qui fatiguent depuis long-temps les esprits les plus éclairés, et qui , labourées dans tous les sens, n'ont encore rien produit. Nous avons la conviction que ce sera avancer leur solution, que d'appliquer à notre société moderne l'économie nouvelle qu'elle réclame.

Tels sont les vœux, Messieurs les Députés, de citoyens qui n'ambitionnent que le bonheur de leur patrie !

MEMBRES DE LA COMMISSION.

MM. P. F. GUESTIER junior, *Président;* MESTREZAT, *Vice-Président;* Henri GALOS, *Secrétaire;* Henri FONFRÈDE, P. A. BOUSCASSE l'aîné, David JONHSTON, Stanislas FERRIÈRE , C. KLIPSCH , J. VIOLETT, Nathaniel JONHSTON, L. LAFFITTE, J. EXSHAW, D. BROWN, WUSTENBERG.

LISTE

DES MAISONS SIGNATAIRES

DE L'ADRESSE

AUX CHAMBRES LÉGISLATIVES.

P. A. BOUSCASSE L'AÎNÉ.
DANIEL GUESTIER.
BARTON ET GUESTIER.
LESTAPIS ET C.ᵉ
BALGUERIE ET C.ᵉ
V.ᵉ DELBOS ET FILS.
M. J. DE IRIGOYEN.
DOM. DE IBARRONDO.
INIGO, ESPELETA ET C.ᵉ
J.-J. BOSC ET C.ᵉ
BEYLARD AÎNÉ.
FOCKE ET BRANDENBURG.
VON HEMERT, D'EGMONT ET C.ᵉ
DE LUZE ET DUMAS.
CRUZE ET HIRSCHFELD.
BRUN FRÈRES.
J. B. DUPUCH.
B. LOPES-DUBEC ET C.ᵉ
HOURQUEBIE FRÈRES.
BIGOURDAN.
FOUSSAT FRÈRES ET C.ᵉ
MONSARRAT ET CORBIÈRE.
BAOUR ET C.ᵉ
J. LEBLOND, *directeur de la Banque.*
WALTER ET D. JOHNSTON.
JACQUES GALOS ET FILS.
NATHANIEL JOHNSTON ET FILS.
JAMES VIOLETT ET C.ᵉ
H. CART, MESTREZAT ET C.ᵉ
DUPEYRAT.
TOURREL.
CASAMAJOR.

OLDEKOP, MAREILHAC ET C.ᵉ
J. JULES POMMEZ.
F. CANTENAT ET C.ᵉ
FAURE FRÈRES.
M. BRUN.
R. D. ET S. L. BROWN JUNIOR.
A. MERMAN.
L. RINCHAN.
MARROT ET C.ᵉ
DUFFOUR-DEBARTE FILS ET C.ᵉ
J. J. DUPUY ET C.ᵉ
MONSET AÎNÉ.
J. R. LAFITTE.
JUSTIN DEVÈS.
J. DUBOS ET C.ᵉ
PELLETREAU PÈRE ET FILS.
BLANCHY FRÈRES ET C.ᵉ
DURIN, CHAUMEL JEUNE ET C.ᵉ
H. BRESSON.
M. MARSAUD ET CABROL.
A. DUVERGIER ET C.ᵉ
LAHENS FILS DE L'AÎNÉ ET RATEAU.
A. ET F. GUÉRIN MALAGUÉ FRÈRES.
J. F. GIESE ET LEESENBERG.
PROVENÇAL ET BARCKHAUSEN.
PAUL VIGNES ET FILS.
ALBR. C. C. GEVERS.
C. POLHS ET LOMER.
JAHN ET C.ᵉ
F. LABORY.
GEO. G. H. LURMAN.
ABIET.

J. J. RABAUD.
B. DEFOS et CASTANG.
E. PLANTEVIGNES.
J. P. WILHELMI et ICHON.
J. YON.
H. MORIN et C.e
De SULZER WART.
GROS, ODIER, ROMAN et C.e
AUMAILLEY et C. TARDIEU.
F. L. DAVID.
G. S. DUFOUR.
BAPTISTE frères.
MÉRILLON et C.e
M. X. FOURESTIER.
CAPDEVILLE et FINKE.
J. BERMOND jeune et fils aîné.
ALBRECHT et fils.
SCHRODER et SCHYLER et C.e
SENSINE et RENOUIL.
Edw.ds SOUTHARD.
PONCET, DEVILLE frères et C.e
Tho. DUNKIN.
M. CASTILLON jeune.
G. EFFRAY, MINIER et C.e
GALLAY père.
M. DASQUEMY.
GALLAY frères.
LESCLIDE frères.
LADOUS jeune.
BASSOT.
P. M. TEULADE.
DIRCKS, BOUSSET et C.e
BIZAT et fils et ROUSSEL jeune.
DANFLOU et fils.
J. H. LAFONTA.
H. DAGASSAN.
Jacques FABRE.
CHADEUIL et DUCARPE.
A. CHAUMEL.
BARDE.
P. A. LETANNEUR.
DUPEYRON.
PUSTAU, MANN et C.e

BOUVET jeune.
J. B. MEZLER et C.e
A. LAFFITTE.
P. H. DURET fils.
ROCHEREAUX.
P. LAGUÉRENNE.
LEVIF.
DEBOTAS.
CAMPAIGNIAC et DESPAX.
BELAIR-BERNIARD.
P. ABIET.
M. CHALLON frères.
M. PREAUT.
RIGAILHOU.
Joseph COUSTAU.
GREZE le jeune.
DEPIOT.
THEVENARD fils aîné.
L. MOUMEJEAN et C.e
BIGOURDAN jeune et C.e
V.e L. HARDEL.
CHARRIER jeune et C.e
C. R. PAULY frères.
VERDELET frères.
SEVENNES cadet.
J. GARY.
PREVOST jeune.
DUFOUR.
H. VIEU.
GARDROT.
LAFON.
J. COLOMEZ.
H. PRECLOS.
A. HERMITTE et C.e
FERCHAUD.
LEZIAN jeune et TOUTON.
CABROL fils aîné.
Louis CABRIT.
P. et C. LACLAVERIE frères.
J. RENÉ.
J.-B. COUVE.
J. P. CARDE.
FOURNIER jeune.

J. DURAN, DUCASSE et C.e
ROYRES et ESCRIVAN.
PUJOS et C.e
H. FIALDÉS.
A. HOLAGRAY.
TINNASSAGE frères et C.e
NAVAILLE.
C. BELLEMER et MOUQUIER.
J. T. BOURGOIN et C.e
Henry LAVILLE frères.
V.e TOURTELAS.
T. VIGNOLLES.
LEBEFAUDE neveu et C.e
F. E. RICHON et C.e
J. MAUREL.
BRUITS.
Aug. ROUSSEL et C.e
PEJAC fils.
PEREY et SOTAREL.
REGIS et C.e
FONTANET.
GOURDON et RIVIÈRE.
BECHADE fils aîné.
V.e LAFARGUE.
B. GARDÈRE frères.
F. GUÉRIN, VEZIA et C.e
P. G. LANSAC et C.e
BARATEAU.
LAROQUE frères et fils.
DUBREUILH frères.
A. COUSSEAU.
G. MAYDIEU et C.e
J. P. GUICHON.
BACHAN jeune et MORTIER.
F. DUSSAUT.
L. DUSSOL.
J. BLANCHARD.
J. M. CASSAIGNE.
FAURE.
VEZIA jeune, MESTROT et C.e
E. LAVILLE.
G. A. GUIGNAN.
P. CLÈDE l'aîné et C.e

Aug. BONNEVILLE et C.e
CAMOEUÌS fils.
BAZANAC et MARIE.
TARDIEU frères.
V.e SAJOUS et MERREAU.
CHASSEREAU.
M. FLORANNE.
E. LACLAVERIE fils.
H. BLUMEREL.
RENÉ et A. CAMPAIGNAC.
DURAND.
BOYÉ.
E. GUILHOU frères.
ALBRECHT et fils.
J. H. VALE et C.e
PRINZING et C.e
BUXO, SANTA-COLOMA et C.e
RUSSEIL jeune.
MIAILHE-PERRENS.
MOREL et FOURCAND.
HÉBRARD et SEULLY.
BARRAU frères et V.or PECH.
A.le BARRAU.
A. MAROUSSEM et C.e
Charles-Auguste BOUSQUET.
AGUIRREVENGOA fils et URRIBAREN.
DUSSUMIER et C.e
MERCKEL et SCHRODER.
L. DUDEVANT.
LEDENTU et HANAPPIER.
C. BALGUERIE junior.
MAXWELL et NEWALL.
GARRIGOU et DUBRUEL.
G. F. MEYER et C.e
J. A. CHANGEUR.
LHOTELLIER frères.
CONSEIL frères et C.e
JOHN DURAND.
B. LOPES-DIAS.
J. M. POIRIER et neveu.
AUDINET et BRELAY.
TASTET jeune.
PLANTÉ.

BRISSON AÎNÉ ET CAUBET.

HOLAGRAY FRÈRES.

J. DELBOS.

LEMARIÉ AÎNÉ.

FREVOLLON.

FERMAUD NEVEU.

GARRES AÎNÉ ET JEUNE.

P. CURAUDEAU.

A. LORET ET C.e

A. BROSSIER.

J. NAUTÉ.

DUPERIER DE LARSAN.

J. RODRIGUES.

LAVAGNINO FRÈRES ET SIROMBRA.

BOUDIN FRÈRES.

ARMAND LEGENDRE.

T.-B. MENARD ET C.e

J. BRIDON JEUNE.

PRADEL.

A. LÉON PÈRE ET FILS.

NAP. CORDIER.

T. BOUÉ FILS ET SOULÉ.

MAURAS ET C.e

BASSO.

TESSIER ET C.e

LAFON-FELINE ET FILS.

A. LAFON FILS AÎNÉ.

B. FOURCADE AÎNÉ.

DEMONCEAU JEUNE.

MIRANDE JEUNE.

J. LAFRENÉ ET CAZEMAJOU ET FILS.

J.-B. GOUGET.

MONCORGÉ FRÈRES.

J. MASSIOU ET C.e

L. ROUJEAN.

GUÉRIN FILS.

LABORDE ET DEMICHER.

P. DE LA ROCHE.

BENOIT FRÈRES.

PAPY ET PEREY.

V.e R. LOPES ET C.e

HONORÉ LAVAL.

HÉRON ET C.e

L. SARRABEZOLES JEUNE ET C.e

JANNESSE FRÈRES

P. LAPEYREM.

BOUSQUET.

PILLET FRÈRES.

BERGE FRÈRES.

RAYNAUD ET BESSET.

A. BODKIN.

CABROL JEUNE.

HENRI GANSEFORD.

V.e TRIGANT ET GORSSIER.

HENRI LACLAVERIE ET FILS.

A. ARNAULT.

A. BERTRAND.

J.-B. DESCAMPS.

J.-B. SEIGNOURET.

P. PUJOL ET J. BORDÈRES.

J. FOURGASSIÉ ET C.e

E. SUDRE ET C.e

BONNET AÎNÉ.

J.-B. LACAZE AÎNÉ ET C.e

G. NORMAN ET C.e

GRÉ PÈRE ET FILS.

BOURDEAUX.

CRÉCHENT.

BERTAL FRÈRES.

B. FAU.

MAISONNEUVE LE JEUNE.

BRONSVIK.

GUEUDET FILS ET J. TALLEMON.

P. GUEYRAUD.

PICHEVIN, GRAVOUILLE ET LELOM.

DUVAL JEUNE.

ANDRÉ FRÈRES.

FORESTIER FRÈRES.

C. DESTREM FILS AÎNÉ.

SERRE FILS.

L. BONNET.

A. CHEVREAU.

E. BOISSONNEAU.

CHARLES P. FLETCHER.

CHATEAU.

VINCENT ET C.e

BEAUPIED.

V.e CHALARD.

MAIGROT.

F. CHAMBLANT.

F. RIVAL.

V.ᶜ DROUET ET C.ᶜ

B. MAUMAS.

J. DAVID.

A. PASQUET.

F. HAMELIN.

SALOMON AÎNÉ.

PAGÉS.

BIQUET, GUESNON ET C.ᶜ

J. D. WETZEL.

BAUMGARTNER.

E. BERTIN ET C.ᶜ

DELBRUCK ET FILS.

J. P. LARROQUE.

L. ROUSSEAU.

F. SAMAZEUILH.

TH. DUCOS ET GOUTEYRON.

ED. GERNON.

G. MESTRE.

H. POMIER ET C.ᶜ

J. B. DE ARRIGUNAGA.

DEBANS L'AÎNÉ.

GARAU.

B. TAUZIET ET C.ᶜ

CUZOL ET FLOUCH FRÈRES.

MONRIBOT ET BRARD FILS.

L. J. CATELAN.

A. LÉON AÎNÉ ET FRÈRE.

J. ROUGIER.

TISSOT ET C.ᶜ

A. JOURJON ET C.ᶜ

DUSSAUT ET CASSANY.

CH. DELVAILLE ET ATHIAS.

FRANK, CUTLER ET C.ᶜ

J. CANTEGRIL.

ALEX. OSWALD ET C.ᶜ

CHAIGNEAU FILS FRÈRES ET BICHON.

F. MORIN.

J. BOUÉ.

SOULIER-JONCAS.

A. M. BORDUZAT.

GIBERT ET DALLÉAS.

BEYSSAC ET GAUTIER.

C. LAPORTE.

COTREL.

L. OXEDA.

F. BOËREAU.

HENRY JUDE.

M. BERNIARD ET C.ᶜ

P. C. DAMBLAT ET C.ᶜ

FAUCHEY PÈRE ET FILS.

J. P. GUILHOU, WURST ET C.ᶜ

VASQUEZ ET C.ᶜ

E. C. MACCARTHY.

V.ᶜ LARIGAUDIÈRE ET FILS AÎNÉ.

DUCASSE, DAMAS ET C.ᶜ

D. BOUSCASSE ET C.ᶜ

BENTO JOSE VIEIRA.

DAVID CHEVELAURE.

P. CHANGEUR MONNERON.

NORZY.

B. ET E. DEVÉS.

DORIS JUNIOR.

M. O'LOMBEL.

J. PEREYRA SOAREZ.

J. J. MAIZ.

JAUBERT.

FIEFFÉ ET COTTINEAU.

J. DAENE.

RAVESIES ET FILS.

BONNAUD ET MONSANTO.

DALIDET ET C.ᶜ

J. COUTURIER.

SEIGNIAN AÎNÉ.

CHAMPÉS AÎNÉ.

L. PEREYRA FRÈRES.

V.ᶜ DELAS ET P. BAPTISTE.

VICT. BOFFINGTON.

J. PASCAL FONADE.

DUPOUY JEUNE.

BONNET.

NORZY ET ASTRUC.

A. VERGÈS ET C.ᶜ

A. ACHARD FILS AÎNÉ.

PROM.

SALELES.

J. GUILLOU.

POHLS FILS.

DUPUY.

J. DUPOUY ET Ce

P. SAUVAGE.

ROPERT.

SERVAN.

E. W. CUNLIFFE ET Ce

A. DURAND.

P. P. LARRÉ.

J. SAINT-GASSIES.

J. HOSTAINS.

J. J. AUDY.

LASSOBE.

J. LOUIT.

J. H. VALLET ET Ce

PRÉVOST JEUNE.

HENRY PRECLOS.

SEVÈNE CADET.

Ve LAFARGUE.

W. ET E. DOTÉZAC FRÈRES.

DUREUILLE.

E. RABA.

DELMESTRE.

SAUVAGE FILS.

J.-B. MENARD.

J. MICHAELSEN.

A. LIGUEDRE.

APPENDICE.

Notre première intention était de présenter, à l'appui de l'Adresse des négocians de Bordeaux, un Mémoire justificatif renfermant des faits et des chiffres sur l'état général du commerce de la France ; mais nous avons bientôt reconnu que ce travail ne pouvait se faire sans une enquête qui s'établirait sur toutes les industries, et nous n'étions nullement à même de la provoquer : nous avons donc renoncé à notre projet. Nous nous bornons à prendre des exemples dans la sphère de nos propres intérêts ; mais s'ils sont personnels à notre localité, ils acquièrent une véritable autorité de ce qu'ils tiennent pour la plupart à nos rapports avec l'Angleterre, qui est le pays d'Europe le plus avancé dans la liberté commerciale. Si chaque grand centre commercial fait de même que nous, et ajoute à nos observations celles que ses propres relations lui fournissent, nous offrirons au Gouvernement une collection de faits et d'expériences qui satisfera, par son importance et son exactitude, aux doctrines et aux principes généraux dont nous nous sommes faits les organes.

IMPORTATIONS D'ANGLETERRE EN FRANCE.

La guerre avait presque annulé les rapports qui existaient autrefois d'une manière si étendue entre notre ville et les divers ports de la Grande-Bretagne. La paix, qui semblait devoir les rétablir, ayant trouvé presque tous les articles de notre commerce frappés en tous lieux de prohibitions ou de droits équivalens, n'a pu nous rendre encore l'ancien état de choses. Depuis vingt années que nos relations sont rétablies, loin d'avoir repris son essor, notre commerce a considérablement diminué, et cependant l'accroissement général en Europe de l'industrie, des capitaux et des besoins des populations, aurait dû avoir sur lui une influence toute contraire.

Mais n'est-il pas temps enfin que les gouvernemens comprennent que la paix des douanes est aussi essentielle à leurs peuples que celle des armées ?

Les droits de sortie en Angleterre sont généralement de ½ p. % sur la valeur, sauf les exceptions suivantes.

Charbon de terre gros.................... $L.^s$ 0. 3.^{s} 4^d p. tonneau.
idem   menu................... ⁄ 0. 2. 0   ⁄
Peaux de lièvre et de lapin............. ⁄ 0. 1. 0 p. 100 peaux.
Laine brute de moutons et d'agneaux... ⁄ 0. 1. 0 p. quintal de 112 ℔ anglais.
Poil de lièvre et de lapin.. .... ⁄ 0 1. 0   d.º
Articles manufacturés de laine... ...... ⁄ 0. 1. 0   d.º

OBJETS D'ALIMENTATION.

		DROITS d'entrée EN FRANCE.	
(1) Grains et Farines.	Froment. Farine de dº.	27^c ½	Par 100 kº. le prix de l'hect.ᵉ dépassant 24 fr.
	Orge. Farine de dº.	27^c ½	p. 100 k.º
	Seigle. Farine de dº.	27^c ½	Par 100 k.º le prix de l'hect.ᵉ dépassant 17 fr.
	Avoine. Farine de dº.	27^c ½	d.º d.º 10^f
Fromages....................		16^f 50^c	par 100 k.º
(2) Moutarde préparée		27 50	d.º
Pommes de terre.		0 55	d.º
(3) Salaisons.		de 33^f à 36^f 50^c	d.º

OBSERVATIONS.

(1) Les prix des mercuriales cités sont ceux de la seconde classe, où se trouve rangé le port de Bordeaux. Le droit augmente à raison de 1 fr. 50 c. par 100 k°. pour chaque franc de diminution, dans le prix du froment. Les droits sur les autres céréales sont établis d'une manière proportionnelle à leur moindre valeur.

(2) Le droit sur les pommes de terre est élevé, en ce sens qu'il représente au moins 15 ou 20 p. % de la valeur ordinaire de ce légume. Dans un temps de disette, il aggraverait la misère publique; et dans les circonstances habituelles, peu importe le montant où il serait fixé, l'importation étant presque nulle. Sous ces deux rapports, nous croyons que le taux actuel devrait être réduit à un simple droit de balance de 5 centimes par 100 k°.

(3) Le droit sur les salaisons est à la fois excessif, prohibitif et inutile. Avant 1789, nous échangions avec l'Irlande jusqu'à 50,000 barils de salaisons contre 20,000 barriques de vin; mais il ne faut pas croire que cette immense importation fût indispensable à nos armateurs. Il paraît, au contraire, que nos produits ont toujours suffi à nos équipages; mais les besoins de Saint-Domingue élevèrent si haut notre prospérité, qu'ils nécessitèrent une importation étrangère, qui transitait à Bordeaux. Aujourd'hui l'examen de divers prix courans nous démontre que nos saleurs n'ont rien à craindre de la concurrence étrangère; et, au reste, nous soutenons en principe, que s'il en était autrement, le droit n'en devrait pas moins être supprimé ou réduit à un droit de balance, dans l'intérêt de notre grande navigation, et bien plus encore pour forcer, par une plus grande abondance, la diminution de prix d'un article d'une consommation si journalière pour la classe la moins aisée de notre population.

IMPORTATIONS D'ANGLETERRE EN FRANCE.

OBJETS BRUTS.

	DROITS D'ENTRÉE en France.	
(1) Arsenic en poudre et pierre	16ᶠ 50ᶜ	p. 100 kᵒ.
id. métallique	18 70	″
(2) Brun-Rouge	2 20	″
(3) Charbon de terre	1 10	″
Cuivre brut — d'Europe	2 20	″
d'ailleurs	1 10	″
Bois de teinture	de 1ᶠ 10ᶜ à 11ᶠ	″
Cornes de Cerf	5 50	″
(4) Etain — de l'Inde brut	″ 55	″
d'ailleurs dᵒ.	2 20	″
Ecaille de Tortue	de 110 à 220ᶠ	″
Fer, Fonte — de 400 kᵒ. au moins	9 90	″
autre	prohibée.	″
Fanons de Baleine bruts — pêche française	″ 22	″
dᵒ. étrangère	″ 33	″
Manganèse brute	1 10	″
(5) Plomb en saumons	5 50	″
Zinc brut, minerai ou coulé en masse	″ 11	″
(6) Suif	16 50	″

OBSERVATIONS.

(1) L'arsenic se consomme en France plus particulièrement pour l'agriculture, et sous ce rapport, il lui serait avantageux que le droit de 16 fr. 50 c. (25 p. % sur la valeur) fût sensiblement abaissé. Outre cet avantage direct, nous trouverions celui d'agrandir notre commerce avec la Hollande et l'Angleterre, qui produisent cet article.

(2) Le brun-rouge est une terre colorante que l'Angleterre seule possède, et dont elle fait un usage assez étendu, parce que ses consommateurs l'obtiennent à 3 fr. par quintal. On s'en sert peu en France, car le commerce ne peut guère la livrer à moins de 8 fr. ; et il serait à désirer que l'admission fût permise moyennant un simple droit de balance.

(3) Il n'est pas d'article sur lequel nous soyons mieux fondés à réclamer que sur la houille. Notre position géographique nous empêche de pouvoir compter sur les ressources des mines nationales, et nous sommes contraints de payer un droit de 1 fr. 10 c. p. 100 kilog. pour

la houille venant d'Angleterre et de Belgique, dont nous pourrions facilement et en tous temps alimenter les établissemens industriels, que nous faisons les plus grands efforts pour acclimater dans nos contrées. Nos houilles du Nord, au contraire, cessent de nous arriver, lorsque le coût du fret de Dunkerque dépasse 10 fr. (maximum du fret que l'article peut supporter). Et quant aux houilles de l'Aveyron, pendant dix mois de l'année elles ne peuvent nous parvenir, faute de l'eau nécessaire à la navigation; et lorsqu'il y a assez d'eau, leurs frais de transport jusqu'ici dépassent 2 fr. par hectolitre, comme il arrive pour celles de Gaillac. Ce sera seulement lorsque nous obtiendrons la houille au plus bas prix possible, que nous oserons reprendre le projet utile de communications régulières avec nos principaux ports, au moyen de bateaux à vapeur. La tentative qui en a été faite et qui vient d'échouer, nous fournit la triste occasion d'établir cette vérité, qu'un bateau à vapeur de 150 chevaux environ, en faisant un certain nombre de voyages par année, dépensera 69,120 fr. en s'approvisionnant en Angleterre, tandis qu'obligé de subir le système actuel, il supportera une charge de 138,240 fr., et cette différence, d'environ 70,000 fr. par an, équivaut à plus de 18 p. % d'intérêts et de bénéfices *sur le capital employé!!* Nous appuyant sur des principes d'économie politique généralement admis, nous ne pouvons que réclamer l'abolition absolue de tout droit d'entrée sur la houille étrangère, que nous regardons comme un objet qui nous est de la plus impérieuse nécessité. Si, par des considérations que nous n'avons pas à discuter, un droit quelconque doit être maintenu, nous insistons pour qu'il ne dépasse pas 30 c. p. 100 kilog. Nous demandons que les bateaux à vapeur puissent s'approvisionner dans les entrepôts, et que cette mesure soit étendue à tous les établissemens qui se serviront de machines à vapeur. Nous sommes profondément convaincus, en formulant ces demandes, que si nos mines de houilles doivent un jour fournir à tous nos besoins (ce que nous espérons avec confiance), rien ne sera plus propre à hâter leurs progrès et à abréger l'espace de temps qui doit s'écouler jusque-là, que de leur susciter une concurrence plus vive que celle qui existe aujourd'hui.

Si le Gouvernement français témoigne de ses bonnes dispositions en faveur d'un système plus libéral dans les rapports avec l'Angleterre, nous ne doutons pas que cette puissance ne s'empresse d'y correspondre, d'abord parce qu'elle suivra en cela les principes de la politique qu'elle a adoptée depuis plusieurs années; ensuite, parce qu'elle satisfera à l'intérêt bien entendu de son commerce. Ainsi, nous sommes convaincus qu'en conséquence des réductions que nous opérerons sur ses produits, elle se hâtera d'abolir le droit à la sortie sur les houilles, qui est de 2 à 3 ¹/₃ sch. par tonneau, ou 35 p. % de la valeur vénale. C'est la seule taxe de sortie que mentionnent encore les tarifs anglais, et elle devra disparaître au premier examen.

(4) L'ordonnance du 29 Juin, qui réduit les droits sur l'étain, sera sans doute convertie en loi à la satisfaction du commerce.

(5) Le plomb est un produit anglais, mais l'Espagne, où nous l'obtenons à meilleur marché, nous en fournit plus de 9,000,000 de k.° par année; l'abaissement du droit pourrait favoriser son emploi dans les constructions, où son absence est quelquefois vivement sentie; le Gouvernement doit l'éprouver comme les particuliers. Ce métal ne se trouve que dans une seule localité en France; la quantité produite est faible, et les frais le font ressortir à un prix excessif.

(6) Cet article est l'élément d'un grand commerce en Angleterre, qui exporte de fortes quantités de suifs travaillés. Nous pourrions rivaliser avec elle, si nos tarifs nous permettaient de recevoir la matière première de cette industrie à des droits extrêmement réduits.

IMPORTATIONS D'ANGLETERRE EN FRANCE.

OBJETS AYANT REÇU UNE 1.RE MANIPULATION.

		DROITS D'ENTRÉE en France.	
(1) ACIER	naturel	de 66f à 77f	p. 100 ko.
	Fondu	132 à 154	//
	Ouvré	prohibé.	//
Bois scié	de plus de 10 centimètres.	//f 16c 1/2	p. stère.
	de moins de d.°	1 10	//
(2) CUIVRE	en barres	44 //	p. 100 ko.
	en planches	88 //	//
(3) FER-BLANC		77 //	//
(4) FER en barres		de 27 50 à 55	//
d°. ouvré		prohibé.	//
FIL DE FER		66f //	//
d°. DE LAITON		prohibé.	//
(5) LITHARGE		10f //c	//
MINIUM		26 40	//
NOIR D'IVOIRE		68 20	//
(6) d°. DE FUMÉE		13 20	//
PLOMB laminé		26 40	//
ZINC laminé		55 //	//
ETAIN battu ou laminé		66 //	//
d°. ouvré		prohibé.	//

OBSERVATIONS.

(1) Si nous voulons produire, il est essentiel que nous ayons au plus bas prix possible les instrumens de notre travail. L'acier, par ce motif, nous est indispensable, et cependant il est frappé de droits qui seraient prohibitifs, si les besoins que nous avons de lui n'étaient plus forts que les obstacles mis à son introduction. Ainsi, malgré une taxe de 66 fr. p. 100 k.°, nous recevons 525,000 k.° d'acier naturel de l'étranger, dont 69,000 d'Angleterre. Nos ouvriers supportent ces droits, qui retombent ensuite sur nos produits fabriqués. Cet état de choses mérite considération ; et quant aux nombreux outils qui se trouvent prohibés, tels que les limes, les ciseaux, etc., on les obtient au moyen de la fraude,

ce fléau qu'il serait temps de détruire, surtout lorsque, pour y parvenir, il ne faut que suivre les sages erremens d'une économie politique éclairée.

(2) On estime qu'en France les frais de manipulation du cuivre sont de 20 c. p. livre, tandis qu'en Angleterre ils ne sont que d'un sou seulement. Il nous paraît injuste de protéger par des droits aussi énormes, au grand détriment de notre marine et de notre fabrication, une industrie qui ne nous appartient évidemment pas. Nous demandons par conséquent sur le cuivre en barres et en planches, sinon l'entière abolition des droits, au moins la réduction la plus considérable possible.

(3) Le fer-blanc est encore un article que nous cherchons en vain à naturaliser au détriment de notre commerce avec l'Angleterre. Combien d'élémens sont contraires à sa production en France ! D'un côté, absence totale de l'étain que nous tirons principalement d'Angleterre ; de l'autre, notre fer en feuilles, qu'il nous faut employer, revient à un prix triple de celui de nos voisins. Pour protéger une industrie mesquine qui nous est étrangère, un droit exorbitant de 77 fr. p. 100 k.° ou 100 p. % sur la valeur, fut imposé à l'entrée des fers-blancs étrangers ; et c'est à l'aide de cette *protection* qui fait payer à une nation de trente-deux millions d'âmes le double de leur valeur, tous les ustensiles, si nombreux et si indispensables, composés de fer-blanc, qu'on est parvenu à fabriquer en France un produit de qualité fort inférieure. De tels faits parlent assez d'eux-mêmes. Quand on expose de pareils résultats devant les yeux les plus prévenus, est-il nécessaire d'ajouter un seul mot et de réclamer une réduction de droits que les faits seuls commandent impérieusement ?

(4) Que dirons-nous des fers et des fontes qui n'ait été répété à satiété depuis quelques années ? Nous regardons leur prohibition comme la cause principale du déclin de notre ville et de son commerce. Les nations dont le fer semble le principal produit, étaient en effet précisément celles qui consommaient le plus de nos productions. Comme objet d'un besoin universel, il est inconcevable qu'une grande nation soit soumise à payer le triple de sa valeur un métal que ses voisins lui offrent en échange des denrées dont elle regorge. Si les mines de l'Aveyron nous offrent déjà une légère diminution dans les prix et nous en font espérer de plus considérables, il faut considérer que le prix de revient sur les lieux est le double du coût des fers anglais, et que le transport de la mine à Bordeaux est des deux tiers plus cher que le prix du fret d'Angleterre à Bordeaux.

Maintenant, qu'on juge du désavantage qui résultera toujours pour nous, à devoir nous approvisionner des produits de Decazeville, *puisque la compagnie est obligée, pour fabriquer des fers de qualité supérieure, de tirer d'Angleterre des fontes et de les faire remonter, avec des frais considérables, jusqu'à ses usines situées à cent lieues de la mer.*

Voilà des faits qui se passent sous nos yeux, et qui parlent encore plus haut que tous les argumens les plus habiles en faveur de notre déplorable système de protection. La France doit voir maintenant si elle peut compter sur ses propres ressources, et s'il n'est pas temps de rétablir les anciennes relations qui firent la prospérité de sa partie méridionale, en admettant largement les produits des nations qui lui offrent des moyens si avantageux d'échange. Nous pensons donc qu'il est urgent, si des considérations financières que nous ne sommes pas à même de juger, ne permettent pas une abolition complète de droits sur les fers, que nos tarifs soient réduits au taux le plus modéré, et qu'il y ait une admission *presque* libre toutes les fois que leur importation sera justifiée par les besoins de quelque

entreprise d'intérêt public, telle que chemin de fer, canal, pont suspendu, etc., etc.
Cet avantage est de droit, dès l'instant qu'il s'agit d'augmenter les moyens publics d'activité et de prospérité générale.

Notre position maritime nous met dans le cas d'appeler l'attention sur les ancres et les
chaînes-câbles que nous recevons d'Angleterre. Les premières payent de 11 fr. à 16 fr. 50 c.
p. 100 k.°, Ce droit est une taxe de plus sur notre navigation, comme si elle ne luttait pas
déjà contre trop de désavantages ! car les grandes ancres anglaises d'une qualité supérieure
et mieux faites que les nôtres, sont presque indispensables pour les grands navires. Les
chaînes-câbles étant prohibées, nous ne pouvons faire aucune observation sur le droit
payé. On les reçoit en fraude : mais nous sommes trop convaincus de la répugnance qu'é-
prouvent ceux qui sont obligés d'avoir recours à ce moyen extrême, pour ne pas invoquer
un changement qui ne les laisse plus dans cette fâcheuse position.

(5) La litharge et le minium étant extraits du plomb, sont évidemment la propriété
exclusive des pays qui possèdent de riches mines de ce métal. Il n'est donc pas raisonnable
de vouloir frapper de droits exclusifs des objets que nous ne pouvons produire et qui sont
d'une grande nécessité pour les arts et le commerce.

(6) Le noir de fumée paye 13 fr. 20 c. p. 100 k.°. Ce serait un objet de commerce digne
de quelque attention, et qui, en procurant du fret aux navires au moyen d'un petit
capital, faciliterait souvent les expéditions, si le droit excessif de douane qu'il subit était
sensiblement réduit.

IMPORTATIONS D'ANGLETERRE EN FRANCE.

OBJETS MANUFACTURÉS.

	DROITS D'ENTRÉE EN FRANCE.	
Arsenic en poudre et pierres	16f 50c	p. 100 ko.
Ancres	de 11f à 16f 50c	″
Bouteilles de verre, vides	prohibées.	
Bijouterie	de 11 à 22f	p. hectol.
Cirage	135 30	p. 100 ko.
Cuivre ouvré	prohibé.	
Colle forte	38f 50c	″
Chapeaux { de feutre	de 3f 30c à 6f 60c	la pièce.
de crin	27c ½	″
de paille écorcée	de 27c ½ à 1f 37c ½	″
Chaudières à sucre	prohibées.	
Céruse	33f	p. 100 ko.
Crayons { simples en pierres	11	″
à gaîne de bois blanc	110	″
à gaîne de cèdre	220	″
Chaines-Cables et autres	prohibées.	″
(1) Faïence et Poterie. { grès commun	de 11f à 16f 50c	″
fin	prohibé.	″
Goudron de charbon	5f 50c	″
Instrumens de musique	de 63c à 400f	la pièce.
d°. de mathématiques et nautiques	33 p. %	sur la valr.
d°. aratoires, faulx	165f	p. 100 ko.
d°. autres	88	″
Limes { communes	88	″
fines	de 220 à 275f	″
Mercerie { commune	110f	″
fine	220	″
(2) Machines à vapeur	33 %	sur la valr.
Mécaniques	15 %	d°.
Outils	de 50 à 220f	p. 100 ko.

OBJETS MANUFACTURÉS (*Suite*).

	DROITS D'ENTRÉE EN FRANCE.	
PLOMB ouvré	25f 40c	p. 100 ko.
PARFUMERIE.......................	de 18f 70c à 202f 40c	//
PEINTURES (couleurs à dénommer)	38f 50c	//
PAPIER blanc.......................	165 //	//
SAVONS.... { ordinaires	prohibés.	//
{ parfumés, liquid. en pains.	180f 40c	//
TOILES.......................	de 33 à 385f	//
d°. linge de table	275 à 440	//
(3) TAPIS ...... { de laine et fil	330f	//
{ Autres sortes	prohibés.	//
VOITURES.......................	d°.	//
ZINC ouvré.......................	d°.	//

OBSERVATIONS.

(1) Nous ne saurions trop appeler l'attention sur les faïences et poteries de grès. Les qualités communes sont imposées de 11 fr. à 16 fr. 50 c. ; les fines sont prohibées. Ces articles pourraient donner lieu à un immense échange de produits avec l'Angleterre , et leur encombrement fournir un aliment très-considérable à notre navigation ; mais nous invoquons non-seulement leur libre admission comme objets de commerce , mais encore parce que ce sont des ustensiles de ménage de première nécessité dont sont privés des milliers de familles françaises. En effet , la douzaine d'assiettes de grès ordinaire ne coûte en Angleterre que *six sous*, et varie de 2 fr. 50 c. à 3 fr. en France ! Voici donc à quoi se réduit la question : Les progrès de nos établissemens de potterie et de faïence ont-ils été tels depuis quelques années, que nous puissions espérer d'obtenir leurs produits dans un avenir prochain , au 6.e ou au ¼ de leur prix actuel ? ou bien devons-nous condamner à jamais la masse des Français peu fortunée, sans exception , à la privation d'un objet indispensable , et qu'elle pourrait obtenir à si bon marché ? Ceux qui s'expriment ainsi ne sont point personnellement frappés par l'abus qu'ils signalent ; mais il n'est personne qui n'ait été atteint d'un sentiment de dégoût à l'aspect de la plupart de nos chaumières ; et ce n'est qu'en favorisant les produits nécessaires aux pauvres n'importe la provenance, que nous pourrons faire cesser un état de choses qui nous paraît outrageant à l'égard de nos concitoyens moins favorisés que nous par la fortune.

(2) Le Gouvernement lui-même *s'approvisionne* de machines à l'étranger : que pouvons-nous dire de plus fort contre les droits dont leur introduction est frappée pour les besoins particuliers ? Est-ce lorsque notre industrie demande assistance pour diminuer ses moyens

de fabrication et concurrencer les industries étrangères, qu'on lui rendrait difficile l'usage des machines qu'elle ne peut trouver en France ni aussi bien exécutées ni à si bon marché que chez nos voisins ? Non certes ; au lieu de droits, une prime devrait être accordée à une importation aussi précieuse ! ! !

(3) A mesure que l'aisance se répand, elle nous crée un nouveau besoin presque inconnu aux bons bourgeois qui furent nos pères. Les tapis de laine cessent tous les jours d'être un objet de luxe, et la consommation doit en devenir immense ; mais un droit de 330 fr. p. 100 k.° est une barrière toute puissante. Nous demandons avec d'autant plus de raison qu'il soit considérablement réduit, que nous croyons que nos manufactures, pour certaines qualités, sont en état de lutter sans trop de désavantage, et qu'en définitive une concurrence raisonnable ne pourrait que hâter les progrès qui leur restent à faire.

R. G. Il est une foule d'objets que l'on fabrique en France, mais que l'on préférerait cependant recevoir d'Angleterre, sans les prohibitions et les droits excessifs. Les toiles d'Irlande sont dans ce dernier cas ; et quant au tulle anglais dit *bobinet* et aux fils de coton, nous nous joindrons à tous ceux qui ont quelque connaissance des transactions qui ont *indispensablement* lieu sur ces articles, pour déplorer amèrement que, par suite d'un système que nous ne voulons pas qualifier, ces articles prohibés aient été depuis quelques années introduits en fraude en quantités immenses, au lieu d'avoir contribué, par un droit fondé sur l'équité et la raison, aux ressources de notre trésor public. Nous sommes convaincus que cet état de choses est sur le point de cesser, mais c'est quinze ans trop tard !

EXPORTATIONS.

La réforme que nous sollicitons n'aura pas seulement des résultats heureux sur notre commerce intérieur; elle devra nécessairement en avoir aussi sur nos exportations pour les autres peuples. Ainsi que nous l'avons établi en principe, plus nous élargirons l'entrée de nos frontières aux marchandises étrangères, plus nous obtiendrons de concessions de la part des autres états; car, sans aucune intervention diplomatique, ils seront contraints de nous fournir les moyens de leur payer les produits de toutes sortes que nous leur emprunterons.

Nous donnons ici le tableau des droits les plus onéreux dont est frappé en Angleterre un grand nombre d'articles de notre sol ou de nos manufactures, et par ce seul exemple, on jugera les immenses avantages que nous avons à espérer comme conséquences de la réduction de nos tarifs.

Mais dans le tableau de nos exportations, nous aurons à signaler quelques empêchemens qui appartiennent directement à nos lois de douanes, et qui proviennent de forts droits de sortie. Nous ne concevrions pas qu'un pareil état de choses pût se maintenir. Notre Gouvernement ne devrait-il pas, au contraire, être empressé à faciliter et à élargir tous nos débouchés à l'extérieur? C'est ce que l'Angleterre fait déjà depuis long-temps : chez elle, les droits de sortie sont généralement fixés à demi pour cent sur la valeur, sauf cependant pour le charbon de terre qui paie un droit fort élevé, car les Anglais ont craint de voir s'épuiser par la consommation étrangère les produits de leurs houillères; mais cette erreur s'efface chaque jour de leur esprit, et probablement avant peu, cet article, comme les autres, pourra être exporté sans entraves.

EXPORTATIONS DE FRANCE EN ANGLETERRE.

OBJETS D'ALIMENTATION.

	DROITS de sortie en France		DROITS D'ENTRÉE en Angleterre		
(1) AMANDES douces... en coque....	//	//	20 sh.	// pen.	p. cwt.
sans coque..	2f 20c	p. 100k°.	20	//	ou 51 k°s.
d°. amères.................	....	//	4	//	//
(2) FRUITS — Prunes sèches.......	27c ½	//	27	6	//
Pommes vertes....	//	//	4	//	p. boisseau.
Pommes sèches....	//	//	//	//	//
Poires vertes....	//	//	7	6	//
Poires sèches....	//	//	10	//	//
Châtaignes.........	//	//	2	//	//
Noix...............	//	//	2	//	//
d°. au sucre.............	//	//	//	//	//
d°. à l'eau-de-vie........	//	//	20	6	p. gallon, plus le droit sur le verre et le fruit.
d°. au vinaigre...........	//	//	6	//	//
GRAINS — Froment..............	27c ½	//	1	//	p. Qr. Impl. le prix dépassant 75 sh.
Orge, Maïs..........	//	//	1	//	d°. 41
Seigle..............	//	//	1	//	d°. 43
Avoine..............	//	//	1	//	d°. 31
GRAINES de — Millet..............	//	//	11	6	p. cwt.
Moutarde............	//	//	8	//	p. boisseau.
Coriandre...........	1 10	//	15	//	p. cwt.
Oignons.............	1 10	//	1	6	p. ℔
Carottes............	//	//	//	9	p. d°.
LÉGUMES SECS — Fèves...............	27c ½	//	1	//	p. Qr. Impl. le prix dépassant 46 sh.
Haricots, Lentilles.	//	//	//	10	p. boisseau.
HUILE d'olive.................	55c	//	L. 8.8s	//	p. tonneau.
OLIVES.......................	27c ½	//	// 2	//	p. gallon.
OIGNONS......................	//	//	// 3	//	p. boisseau.
TRUFFES......................	//	//	// 2	6	p. ℔
CAPRES.......................	//	//	//	6	d°.
(3) VINS.....................	27c ½	l'hectol.	// 5	6	p. gallon.

OBSERVATIONS.

(1) Les amandes sont ordinairement exportées en coque, et payent à la sortie 2 fr. 20 c. par 100 k.° brut, ce qui égale 3 fr. 48 c. sur le fruit net. Ce droit, sur un article de peu

de valeur, sujet à un frêt onéreux, presque triplé par l'encombrement que causent les coques, est d'autant plus nuisible, que les amandes sont taxées, en Angleterre, au droit excessif de 1 liv. (25 fr. par 50 k.°). La réduction réciproque de ces droits est très-désirable. Les amandes amères ne paient en Angleterre que 4 schellings (5 fr.) par 50 k.°, mais le droit de 60 p. % imposé sur la pâte d'amande, en empêche toute expédition.

(2) Le commerce des fruits est trop important dans notre département pour que nous ne désirions pas qu'un changement sur la quotité des droits et sur la manière dont on les applique, ait lieu en Angleterre. Quant à leur quotité, on se demande pourquoi nos prunes sèches chargées d'un noyau qui pèse la moitié du fruit, seraient frappées d'un droit de 27 ¹/₂ schellings (35 fr.) par quintal, tandis que les raisins, exempts qu'ils sont de noyaux, ne paient que 20 sch. (25 fr.). Relativement à son application, il est inconcevable qu'elle se fasse indistinctement à toutes les qualités de prunes, car la valeur des prunes communes varie à l'égard de celles dites prunes d'ente, comme un à six, sept ou huit, et il en résulte que les qualités supérieures ne sont pas imposées à 20 p. %, tandis que le droit sur les prunes communes dépasse quelquefois trois ou quatre fois leur valeur primitive!!! On objecterait en vain la difficulté de bien distinguer les qualités, l'œil le moins exercé ne s'y tromperait jamais ; l'apparence du fruit est très-différente, ainsi que la forme du noyau ; il est long et plat dans la prune d'ente, arrondi dans la prune commune.

Les pommes, les noix, les marrons, sont trop fortement imposés pour devenir des objets d'une exportation considérable. La réduction de leurs droits multiplierait les expéditions, ce qui favoriserait la navigation anglaise autant que la nôtre.

(3) Il fut un temps où la France expédiait 20,000 tonneaux de vin en Angleterre, dont la population ne s'élevait pas à plus de cinq millions d'âmes. C'était en 1669. Les choses suivaient alors leur cours naturel ; Colbert ne s'était pas encore lancé à corps perdu dans l'industrie, sans s'embarrasser de ce qu'allaient devenir l'agriculture et le commerce que dès-lors il négligea trop. Les droits, en Angleterre, étaient très-modérés à cette époque et les mêmes pour toutes les provenances ; aussi cette masse de vins français ne représentait-elle que les ⁴/₉ᵉˢ de la consommation totale de ce pays.

Mais en 1697 les choses changèrent bien. Le droit sur le vin français fut établi à 4 schellings par gallon, et à 1 ²/₃ schelling seulement sur celui de Portugal. Cette différence de droits (combinée avec les moyens d'échanges qui existaient entre l'Angleterre et le Portugal, privé de manufactures, tandis que la France et l'Angleterre joignaient la guerre industrielle à la guerre effective), en produisit une bien autrement importante dans la consommation, qui fut, du vin français au vin de Portugal, comme 2 est à 774 !!!

De 1707 à 1744, les droits furent dans la même proportion, c'est-à-dire 4 ¹/₃ schellings sur les vins français, et 2 schellings sur les vins de Portugal ; mais la paix favorisant un peu notre denrée, elle fut consommée dans le rapport de 878 tonneaux de vin français contre 11,388 tonneaux de vin de Portugal.

De 1745 à 1762, le droit sur nos vins fut porté à 5 ¹/₆ schellings, et cette augmentation de droits de 20 p. % produisit une diminution de 55 p. % sur la consommation qui fut de 398 tonneaux français contre 11,316 de Portugal.

Jusqu'à présent, on a surtout considéré que l'augmentation ou la diminution des droits sur une marchandise, accroissaient ou restreignaient sa consommation, ce qui est très-vrai, et nous venons de le prouver ; mais le droit n'est pas la seule chose influente ;

EXPORTATIONS DE FRANCE EN ANGLETERRE.

OBJETS BRUTS.

	DROITS de sortie en France.		DROITS D'ENTRÉE en Angleterre		
			15 sh.	// pen.	p. cwt.
(1) ANTIMOINE brut......................	1f 10c	p. 100k.°	15 sh.	// pen.	p. cwt.
(2) CANTHARIDES........................	// 27 ½	//	3	6	p. ℔
CHIFFONS ou DRILLES	prohibés.	//	de 5 à 7	6	p. tonneau.
(3) ÉCORCE DE CHÊNE....................	d.°	//	//	8	p. cwt.
(4) GOMME DU SÉNÉGAL	// 27 ½	//	12	//	//
(5) GARANCE... { en racines..........	1f 10c	//	1	6	//
{ moulue..............	// 55	//	6	//	//
(6) GRAINES de { Trèfle................	// 27 ½	//	20	//	//
Luzerne	//	//	//	//	//
Anis................ ..	//	//	5	//	//
Genièvre............	//	//	2	//	//
Lin	//	//	1	//	p. Q.r
Jardin..............	1 10	//	//	//	//
Gaude..............	1 10	//	1	//	p. cwt.
HUILES de { Poisson.	1 10	//	L. 26 12s	//	p. tonneau.
Grains à dénommer	// 55	//	50 p. %	//	sur la valeur
Vitriol.	// 27 ½	//	//	6	p. ℔
CENDRES gravelées.................	7 85	//	40s	//	p. tonneau
(7) LIÉGE en planches................	1 10	//	8	//	p. cwt.
(8) MARBRE brut........................	// 5	//	1	//	p. pied cube.
OCRE brut........................	// 27 ½	//	1	//	p. cwt.
(9) PEAUX { d'Agneaux et de Chevr.x	22 //	//	//	4	p. 100 p.x
{ de moutons	50 60	//	1	//	p. 12 d.°
{ de lièvres et lapins.......	prohibées.	//	1	//	p. 100 d.°
(4 bis) ROUCOU........................	//f 55c	//	//	2	p. ℔
RACINE DE GENTIANE.	// 27 ½	//	//	6	d.°
RACINES, DROGUERIES à dénommer.	//	//	20 p. %	//	sur la valeur
(10) TÉRÉBENTHINE en pâte..........	1 10	//	de 4s 4d à 5s 4d		p. cwt.
(11) TARTRE	7 85	//	//	6	p. d.°

OBSERVATIONS.

(1) On expédiait des quantités assez considérables d'antimoine pour l'Angleterre, il y a peu d'années ; mais ce commerce a cessé parce que cet article est frappé de droits très-élevés, surtout le régule d'antimoine, qui paie 40 schellings (50 fr.) par 50 kilogrammes.

(2) La France fournit des cantharides d'une très-bonne qualité, mais le droit de 3 ¹/₂ schellings (4 fr.) par livre, en restreint la demande (1).

(3) Nos forêts fournissent abondamment le tan, ou écorce de chêne, qui se consomme en partie comme combustible, ou dépérit la plupart du temps sans profiter à personne. Si la prohibition qui le frappe à la sortie était levée, il est probable qu'il deviendrait une ressource pour les propriétaires de bois, et un aliment important pour la navigation. Le droit qu'il paie en Angleterre est de 8 pences (80 c.) par quintal.

(4) Nos rapports étendus avec le Sénégal font arriver à Bordeaux presque toute la gomme qui s'y traite. L'Angleterre, à cause de ses nombreuses manufactures, est le pays qui en consomme le plus, et nous devons signaler ici l'entrave absurde qui pèse sur cette marchandise, aussi bien que sur le roucou, par la loi de navigation anglaise, qui exige qu'à leur sortie d'un port de France, ces articles fassent une escale *dans un pays hors d'Europe*, pour venir ensuite en Angleterre et y être livrés à la consommation ! Ce système est désastreux pour les armateurs de notre place, qui sont forcés de retrancher sur le prix vénal de la marchandise les frais considérables de cette double expédition maritime. En 1832, le Gouvernement français accorda la permission d'exporter directement du Sénégal par navires français. Plusieurs cargaisons ont été ainsi admises à Liverpool au plus bas taux du droit, 6 schellings (7 fr. 50 c.) par quintal, ce qui est encore trop élevé pour un article aussi indispensable aux manufactures ; mais sans les entraves d'une loi de navigation qui, depuis le traité de 1826, atteint nos navires par réciprocité, à mesure que l'Angleterre éprouverait des besoins, nous pourrions, par le cabotage, les remplir à point nommé avec de la gomme qui reviendrait ici à un prix presque aussi bas qu'au Sénégal, parce que nos navires n'ont pas d'autres retours, et nous profiterions ainsi du transit de cette marchandise par notre entrepôt.

(5) La garance se cultive en grand dans les environs d'Avignon. Des essais opérés dans notre département ont parfaitement réussi. La garance moulue paie 6 schel. (7 fr. 50 c.) par quintal, et celle en paille, 1 ¹/₂ schel., ou 2 fr.

(6) Le commerce des graines est susceptible d'un développement immense. Nous pourrions exporter facilement chaque année 10,000 balles de graine de trèfle pour l'Angleterre, au lieu de 4 ou 500, si le droit de 20 schellings le quintal (50 fr. par balle) était considérablement diminué. Comme l'Angleterre ne récolte qu'en petite quantité une graine souvent avariée en raison de son climat humide, nous pensons que peu d'efforts suffiraient pour obtenir un changement qui profiterait aux deux nations. Les mêmes observations s'appliquent à la graine de luzerne. La gaude, jusqu'à l'ordonnance du 29 Juin dernier, payait un droit de sortie de 6 fr. 60 c. par 100 kilogrammes, et l'exportation avait entièrement cessé. Ce droit réduit à 1 fr. 10 c. est encore trop élevé, puisqu'il représente 6 ou 7 p. % de la valeur de l'article. Espérons que nos voisins qui ont appris à se passer d'une matière colorante que nous leur refusions, auront maintenant des besoins qui les feront revenir à notre marché.

---

(1) Mais au moment où nous écrivons, nous avons la satisfaction d'apprendre que le Gouvernement anglais vient de réduire le droit de ces deux articles : celui sur le régule d'antimoine à 16 schellings le quintal, et celui sur les cantharides à 60 c. la livre.

(49)

(7) Le liége est abondant et de supérieure qualité dans notre voisinage. Des quantités considérables s'exportaient pour l'Angleterre ; mais ce commerce diminue chaque jour sous l'influence d'un droit de sortie de 1 fr. 10 c., et d'un droit d'entrée de 8 schellings, ou 10 fr. par quintal, ce qui est excessif sur un article d'un si grand volume soumis à autant de déchet et à des frais considérables. Quant aux bouchons, l'importation est grevée du droit de 7 schellings ou 9 fr. *par livre !!!* c'est-à-dire d'une prohibition presque complète. La taille des bouchons est cependant une industrie toute française, à laquelle le travail anglais, par sa cherté, ne saurait suppléer.

(8) Voyez page 52, note 7.

(9) Le commerce des peaux d'agneaux et de chevreaux, déjà important entre la France et l'Angleterre, le deviendrait bien davantage, si les droits d'exportation, comme ceux d'importation, étaient mieux combinés. A l'exportation de France, les peaux *brutes* paient 22 fr. par 100 kilogrammes, et à leur entrée en Angleterre les peaux *apprêtées* paient 10 schellings (12 fr. 50 c.) par cent peaux. Une réduction de part et d'autre aurait pour résultat d'accroître considérablemeut les transactions sur cet article.

(10) Notre département produit beaucoup de térébenthine. On en exportait considéra- blement pour l'Angleterre jusqu'en 1823 ; mais les demandes sont nulles aujourd'hui en raison du droit de 4 ⅓ schellings (5 fr. 50 c.) par quintal de qualité ordinaire, et pas évaluée au-dessus de 12 sch. (15 fr.); c'est plus de 35 p. %. Lorsque l'évaluation de la qualité dépasse 12 schellings par quintal, le droit est de 5 ⅓ schellings (environ 7 fr.). Le droit de sortie de 1 fr. 10 c., équivalant de 8 à 12 p. % sur la valeur, ne devrait-il pas aussi être entièrement aboli ?

(11) Le tartre est encore un produit spécial à notre contrée, et c'est contre le droit de sortie français que nous réclamons ; il s'élève à 7 fr. 85 c. les 100 k.° brut, c'est-à-dire à 8 fr. 80 c. sur le poids net, ce qui rend l'exportation presque nulle. Le droit d'entrée en An- gleterre n'est que de 60 c. par quintal.

EXPORTATIONS DE FRANCE EN ANGLETERRE.

OBJETS AYANT REÇU UNE 1.ʳᵉ MANIPULATION.

	DROITS de sortie en France.		DROITS D'ENTRÉE en Angleterre.		
Antimoine, Régule......	1ᶠ 10ᶜ	p. 100k.°	40 sh.	// pen.	p. cwt.
Crème de tartre......	// 55	//	2	//	//
Huiles de .... Térébenthine (1)	// 55	//	//	8	p. ℔
Huiles de .... Amandes douces.....	// 55	//	//	10	//
Huiles de .... Anis.....	2 20	//	4	//	//
Huiles de .... Fenouil.....	2 20	//	4	//	//
Huiles de .... Lin et de Chanvre...	// 55	//	L. 39 et 18 sh.		p. tonneau.
Huiles de .... Jasmin.....	2 20	//	4 s.	//	p. ℔
Huiles de .... Genièvre.....	2 20	//	2	//	//
Huiles de .... Lavande.....	2 20	//	4	//	//
(2) Meules......	11ᶜà2ᶠ75ᶜ	//	76	//	p. 100 pièces.
(3) Peaux d'Agneau et de Chevreau mégissées	// 11ᶜ	p.100p.ˣ	10	//	d.°
d°. de Chamois mégissées à l'huile.	//	//	80	//	d.°
Ocre en poudre.	// 27 ¹/₂	p. 100k.°	1	//	p. cwt.
(4) Vert-de-gris......	//	//	1	//	//
Vernis......	2ᶠ 20ᶜ	//	30 p. °/₀	//	sur la valeur.

OBSERVATIONS.

(1) L'essence ou huile de térébenthine n'est pas plus favorisée en Angleterre que la té-rébenthine même : un droit de 8 pences (80 c.) *par livre* en prohibe réellement l'admission.

(2) Dans notre voisinage, on trouve d'excellentes pierres à meules qu'on expédie quelquefois pour l'Angleterre ; mais le droit de *L.* 3.16. (96 fr.) par cent pièces, qui les attend à leur introduction, empêche complètement un commerce qui pourrait prendre un développement avantageux pour la navigation.

(3) Voyez page 49, note 9.

(4) Le Midi fournit beaucoup de verdet ou vert-de-gris ; il donnerait lieu à quelques transactions, s'il n'avait à payer 2 fr. 20 c. à la sortie de France, et 1 schelling ou 25 sous *par livre* à son introduction en Angleterre. Ce dernier droit est la moitié de ce qu'il était ; mais cette réduction n'est pas suffisante, et le **droit** français devrait être tout-à-fait annulé.

OBJETS MANUFACTURÉS.

	DROITS de sortie en France.		DROITS D'ENTRÉE en Angleterre.		
(1) Bouchons	27e ½	p. 100k.°	7 sh.	//	p. ℔
(2) Bouteilles { vides	27 ½	douz.ne	4	//	p. douzaine.
{ pleines	//	d.°	2	//	d.°
Bronze { brut	2f 20e	p. 100k.°	20 p. 112 ℔		p. quintal.
{ ouvré	1 10	d.°			
(3) Essences	2 20	//	2 à 4 ½	//	p. ℔ loi du 3 Août 1832
d°. employées en chimie, sans autre dénomination	2 20	//	4	//	//
Parfumerie	27 ½	//	suivant les divers art.es		//
Eau de fleurs d'oranger	2 20	//	3	9	p. gallon.
(4) Eau-de-vie	27 ½	p. hect.	22	6	d.°
Huile de Noix	// 55	p. 100k.°	//	6	p. ℔
Horlogerie fine	3 30	//	25 p. %	//	sur la valeur.
Fournitures pr. d°	5 ½	p. k.°			
(5) Liqueurs	27 ½	p. hect.	30	6	p. gallon.
Macaroni et Vermicelle	27 ½	p. 100k.°	//	2	p. ℔
(6) Miel	1 10	//	15	//	p. cwt.
(7) Marbre ouvré	// 1	//.	3	//	//
Mercerie { commune	1 10	//	20 p. %	//	sur la valeur.
{ fine	2 20	//			
Meubles	¼ %	sur la valeur.	20 p. %	//	d.°
Papier blanc	1 10	p. 100k.°	//	9	p. ℔
d°. gris	//	//	//	3	d.°
Papiers peints	1 10	//	1	//	p. yard carrée.
Pastels	varient avec les dénominations		3	//	p. cwt.
Soieries { unies	insignifians	//	20 p. %	//	sur la valeur.
{ façonnées	id.	//	30 p. %	//	//
Savon { ordinaire	27 ½	//	71s 3d à 90s //		p. cwt.
{ parfumé	//	//			
Toiles batiste	27 ½	//	6 sh.	//	la pièce de 8 yards
// d°. en mouchoirs	//	//	5	//	
// coutil	//	//	//	8	p. yard carrée, à dater du 5 Janvier 1834.
" à voile	//	//	//	7 ½	
// unies	//	//	//	2 ¼	
" imprimées	//	//	//	5 ¾	
(8) Vinaigre	//	l'hectol.	L18 à 18s	//	p. tonneau.

(1) Voyez page 49, note 7.

(2) Le droit élevé qui se paie en Angleterre sur le verre, même plein, gêne plus qu'on ne pense le commerce du vin de France, des liqueurs et des fruits à l'eau-de-vie. Sans cette circonstance, beaucoup de consommateurs qui ne peuvent se charger d'une barrique de vin, s'approvisionneraient en bouteilles. Nous avons intérêt à ce que cette entrave disparaisse promptement. Nos vins légers seraient presque toujours expédiés en bouteilles si les consommateurs ne voulaient pas éviter le droit de 2 schellings par douzaine de bouteilles pleines, et la perte de 3 à 5 p. % qu'on éprouve en ne comptant que six bouteilles par gallon impérial.

(3) Nous exportons des essences pour presque tous les pays, et ce serait un aliment d'affaires importantes avec l'Angleterre, si un droit énorme, qui varie de 2 à 4 ½ schellings (2 fr. 50 c. à 6 fr.) *par livre,* ne frappait à l'importation le plus grand nombre des espèces de cet article.

(4) Le droit exorbitant de 22 ½ schellings par gallon (environ 25 fr. la demi-velte), a le double inconvénient pour nous, de limiter la consommation anglaise à la classe la plus aisée, et de borner les exportations aux eaux-de-vie supérieures de Cognac. Des droits moins prohibitifs, favorisant les consommateurs peu riches, amèneraient la demande sur les eaux-de-vie d'Armagnac qui appartiennent spécialement à notre port. Si la position de cet article changeait, la consommation anglaise en deviendrait immense, et profiterait plutôt qu'elle ne nuirait au fisc de nos voisins. Nous entretenons l'espérance de voir enfin lever les entraves d'un commerce qui peut prendre tant de développemens.

(5) Les liqueurs sont frappées d'un droit encore plus excessif que celui des eaux-de-vie, car il est de 30 schellings (38 fr.) par gallon, et nos exportations de cet article, tout-à-fait nulles aujourd'hui, prendraient une certaine extension si le droit d'entrée en Angleterre était modéré.

(6) Nos environs produisent du miel d'une qualité commune et ne valant que la moitié environ de celui de Narbonne, qui est beaucoup plus blanc et d'un goût plus fin. Néanmoins nous exporterions ce produit sans le droit excessif de 15 schellings (19 fr.) qu'il paie en Angleterre, où les miels des colonies anglaises sont admis au droit de 5 schellings (6 fr. 30 c.)

(7) Les ateliers de marbre des Pyrénées prennent une extension remarquable, et il est à croire que des demandes importantes seraient faites par l'Angleterre, si elle annulait chez elle le droit de 3 schellings (3 fr. 90 c.) par quintal, dont elle frappe l'importation du marbre ouvré.

(8) Le droit excessif de *L.* 18.18 (472 fr.) par tonneau, qui atteint le vinaigre, est la seule cause qui empêche ce liquide de figurer au premier rang dans la liste de nos exportations pour l'Angleterre. Et ceux qui connaissent la mauvaise qualité de toutes les drogues malsaines qui remplacent en Angleterre un objet d'une consommation aussi générale, ne peuvent que s'étonner qu'on ait laissé subsister aussi long-temps un droit non moins pernicieux que déplorable. La petite quantité de vinaigre qui se charge pour la Grande-Bretagne n'est pas destinée à la consommation et se réexporte presque en entier. Les deux Gouvernemens sont vivement intéressés à détruire l'abus que nous signalons.

Relevé des principaux Articles importés d'Angleterre à Bordeaux, de 1825 à 1832.

MARCHANDISES.	1825.	1826.	1827.	1828.	1829.	1830.	1831.	1832.
Suif brut	25,498 kil.	"	"	24,633 kil.	43,119 kil.	24,117 kil.	"	"
Colle forte	3,157	3,544 kil.	3,405 kil.	307	130	529	1,007 kil.	"
Façons de baleine bruts	"	"	"	"	1,006	3,020	300	817 kil.
Froment en grains	"	"	"	"	"	"	"	94,793 hect.
Seigle et Maïs	"	"	"	"	"	"	"	6,861
Bois scié de 8 centimètres au moins	"	30,942 mèt.	1,205 mèt.	120 mèt.	2,057 mèt.	"	230 mèt.	1,460 mèt.
Bois de teinture	3,000	21,465 kil.	6,937 kil.	"	"	"	"	"
Briques	2,325 pièc.	500 pièc.	6,248 pièc.	29,518 pièc.	2,100 pièc.	2,500 pièc.	4,900 pièc.	20,860 pièc.
Houille	7,670,955 kil.	5,357,095 kil.	11,139,962 kil.	7,111,918 kil.	8,947,926 kil.	10,911,437 kil.	5,215,785 kil.	5,725,745 kil.
Fer-fonte de 400 k°. au moins	30,970	92,756	"	"	195,532	183,294	146,903	"
" en barres de 458 millimètres et plus	"	"	57,944	3,025	2,804	11,063	1,009	"
" carré de 22 lignes et plus	"	22,995	51,083	"	799	22	"	"
" d°. de 15 à 22 lignes	"	373	7	"	"	"	"	"
" rond de 15 lignes et plus	33,682	7,487	"	"	"	388	205	"
" d°. de moins de 15 lignes	33	"	3,672	"	"	"	"	"
" blanc	43,321	129,771	64,894	86,141	63,692	45,746	20,676	8,789
Acier en barres forgé	"	"	"	381	"	192	96	103
" fondu, en barres	640	923	"	192	794	188	"	"
Cuivre pur, coulé en masses	12,479	"	"	2,044	10,402	5,036	490	39,851
Plomb brut	84,442	63,097	1,020	"	"	"	"	"
Etain brut	23,174	13,543	12,715	16,849	15,369	15,489	7,738	1,900
Zinc, coulé en masses	"	3,888	3,068	"	"	"	"	"
" en plaques régulières	"	2,016	"	"	"	"	"	"
Arsenic métallique	"	"	"	"	"	55	888	"
Acide arsenieux	"	217	1,118	"	7,891	"	1,659	1,683
Minium	"	492	8,637	1,984	"	"	792	4,620
Litharge	3,873	46,792	39,101	59,297	20,285	13,598	6,332	11,241
Céruse	"	"	"	"	"	"	610	2,733
Indigo	176	1,053	21	"	"	"	"	"
Manganèse	2,693	"	"	"	"	112	"	"
Noir de fumée	15,918	19,494	12,321	17,766	20,604	11,988	22,641	27,846
Bière	4,268 lit.	3,376 lit.	2,073 lit.	4,771 lit.	3,494 lit.	1,115 lit.	1,359 lit.	390 lit.
Tapis de laine et fil	162 kil.	24 kil.	"	"	36 kil.	407 kil.	"	"
Limes communes	212	"	126 kil.	406 kil.	"	512	"	"
" fines	184	73	56	167	"	458	"	31 kil.
Machines à vapeur ... valeur	17,850f	50,000f	67,000f	69,500f	"	110,142f	202,292f	17,578f
Machines et mécaniques ... d°.	31,770	7,458	30,650	42,856	4,923f	34,996	11,092	5,440
Ancres en fer	"	5,550 kil.	"	625 kil.	77,320 kil.	89,307 kil.	150 kil.	2,706 kil.
Instrumens de calcul ... valeur	756f	1,650f	1,454	1,050f	1,310f	85f	840f	700f
Cacao	34,028 kil.	6 kil.	"	"	"	"	"	"

MARCHANDISES.	1825.	1826.	1827.	1828.	1829.	1830.	1831.	1832.
Gaude	16,669 kil.	5,247 kil.	3,850 kil.	26,056 kil.	8,772 kil.	39,678 kil.	35,944 kil.	35,829 kil.
Légumes verts	»	3,285	3,000	2,095	981	3,290	6,632	»
Truffes	110	184	»	222	332	103	211	196
Tourteaux, crétons	14,800	»	1,025	3,475	1,000	1,010	»	»
Marbre sculpté ou poli	»	325	10	450	1,005	4,009	2,036	1,037
Pierres, terres servant aux arts et métiers	57,899	46,856	8,484	45,752	14	11,960	24,111	1,746
Tartre brut	20,359	484	102,428	74,664	6,057	25,438	27,409	30,330
Crême de tartre	42,632	21,067	44,881	10,727	34,539	40,216	33,758	22,227
Verdet sec	39,650	5,534	5,666	15,436	14,332	10,916	20,629	14,260
Parfumeries	2,340	955	1,132	2,015	1,607	1,660	6,649	5,833
Moutarde	125	227	561	957	676	204	222	162
Eaux distillées	827	75	105	72	378	507	318	556
Vins ordinaires , en futailles	3,088,493 lit.	1,195,013 lit.	899,408 lit.	2,063,056 lit.	1,677,625 lit.	1,299,014 lit.	1,148,606 lit.	896,420 lit.
» » en bouteilles	289,020	275,366	218,265	259,802	297,361	313,915	292,838	235,593
Vins de liqueur, en futailles	7,272	3,685	2,029	2,664	1,980	450	230	345
» » en bouteilles	2,770	4,191	1,589	1,070	222	231	33	»
Vinaigre de vin en futailles	75,986	41,731	103,026	117,572	170,796	83,621	113,633	63,822
» en bouteilles	»	2,132	342	444	278	353	14	22
Eau-de-vie de vin	535,913	281,396	293,166	1,673,327	1,042,451	488,002	228,019	426,740
Liqueurs	5,745	3,120	4,396	4,985	5,011	3,003	2,059	1,555
Bouteilles pleines	295,969	290,162	233,235	277,489	314,758	331,590	307,098	260,331
» vides	130 kil.	4,695 kil.	155 kil.	16,561 kil.	2,537 kil.	1,650 kil.	»	1,060 kil.
Tissus de soie, Etoffes unies	48	268	-119	»	49	166	125 kil.	23
» » » façonnées	»	»	»	15	»	1	6	»
Rubans	»	30	18	35	»	111	»	»
Papier blanc	537	75	257	997	15,119	»	4,462	70
Papiers peints	2,246	772	1,146	816	359	345	462	75
Cartes à jouer	1,225	»	»	»	»	»	»	»
Peaux de chevreaux, mégissées	»	»	»	6,744 peaux.	3,000 peaux.	13,598 peaux.	»	1,234 peaux.
» d'agneaux id	33,251 peaux.	23,592 peaux.	12,000 peaux.	7,108	9,100	12,798	13,332 peaux.	»
Pendules	248 kil.	277 kil.	127 kil.	309 kil.	297 kil.	435 kil.	157 kil.	378 kil.
Bimbeloterie	58	107	»	»	10	»	16	»
Mercerie commune	»	10	136	»	4	5	24	»
Meubles	3,270f	7,174f	3,085f	8,581f	8,397f	10,330f	2,995f	3,577f

Relevé des principaux Articles exportés de Bordeaux en Angleterre.

MARCHANDISES.	1825.	1826.	1827.	1828.	1829.	1830.	1831.	1832.
Gaude	16,669 kil.	5,247 kil.	3,850 kil.	26,056 kil.	8,772 kil.	39,678 kil.	35,944 kil.	35,829 kil.
Légumes verts	"	3,285	3,000	2,095	981	3,290	6,632	"
Truffes	110	184	"	222	332	103	211	196
Tourteaux, crétons	14,800	"	1,025	3,475	1,000	1,010	"	"
Marbre sculpté ou poli	"	325	10	450	1,005	4,009	2,036	1,037
Pierres, terres servant aux arts et métiers	57,899	46,856	8,484	45,752	14	11,960	24,111	1,746
Tartre brut	20,359	484	102,428	74,664	6,057	25,438	27,409	30,530
Crême de tartre	42,632	21,067	44,881	10,727	34,539	40,216	33,758	22,227
Verdet sec	39,650	5,534	5,666	15,436	14,332	10,916	20,629	14,260
Parfumeries	2,540	955	1,132	2,015	1,607	1,660	6,649	5,833
Moutarde	125	227	561	957	676	204	222	162
Eaux distillées	827	75	105	72	378	507	318	556
Vins ordinaires, en futailles	3,088,493 lit.	1,195,013 lit.	899,408 lit.	2,063,056 lit.	1,677,625 lit.	1,299,014 lit.	1,148,606 lit.	896,420 lit.
" " en bouteilles	289,020	275,366	218,265	259,802	297,361	313,915	292,838	235,593
Vins de liqueur, en futailles	7,272	3,685	2,029	2,664	1,980	450	230	345
" " en bouteilles	2,770	4,191	1,589	1,070	222	231	33	"
Vinaigre de vin en futailles	75,986	41,731	103,026	117,572	170,796	83,621	113,633	63,822
" en bouteilles	"	2,132	342	444	278	353	14	22
Eau-de-vie de vin	535,913	281,396	293,166	1,673,327	1,042,451	488,002	228,019	426,740
Liqueurs	5,745	3,120	4,396	4,985	5,011	3,003	2,059	1,555
Bouteilles pleines	295,969	290,162	233,235	277,489	314,758	331,590	307,098	260,331
" vides	130 kil.	4,695 kil.	155 kil.	16,561 kil.	2,537 kil.	1,650 kil.	"	1,060 kil.
Tissus de soie, Etoffes unies	48	268	-119	"	49	166	125 kil.	23
" " " façonnées	"	"	"	15	"	1	6	"
Rubans	"	30	18	35	"	111	"	"
Papier blanc	537	75	257	997	15,119	"	4,462	70
Papiers peints	2,246	772	1,146	816	359	345	462	75
Cartes à jouer	1,225	"	"	"	"	"	"	"
Peaux de chevreaux, mégissées	"	"	"	6,744 peaux.	3,000 peaux.	13,598 peaux.	"	1,234 peaux.
" d'agneaux id	33,251 peaux.	23,592 peaux.	12,000 peaux.	7,108	9,100	12,798	13,332 peaux.	"
Pendules	248 kil.	277 kil.	127 kil.	309 kil.	297 kil.	435 kil.	157 kil.	378 kil.
Bimbeloterie	58	107	"	"	10	"	16	"
Mercerie commune	"	10	136	"	4	5	24	"
Meubles	3,270f	7,174f	3,085f	8,581f	8,397f	10,330f	2,995f	3,577f

9 782019 496265